Unsere Demokratie

Hans-Peter Bartels

Unsere Demokratie

Freiheit, Vielfalt und Wehrhaftigkeit

DIETZ

Der Autor

Hans-Peter Bartels, geb. 1961, Dr. phil., war 1998–2015 SPD-Bundestagsabgeordneter, zuletzt Vorsitzender des Verteidigungsausschusses, 2015–2020 Wehrbeauftragter des Deutschen Bundestages. Zahlreiche Veröffentlichungen zu sicherheitspolitischen Fragen. Bisher bei Dietz erschienen: *Strategische Autonomie und die Verteidigung Europas* (2017), *Deutschland und das Europa der Verteidigung* (2019).

Bibliografische Information der Deutschen Nationalbibliothek
Die Deutsche Nationalbibliothek verzeichnet
diese Publikation in der Deutschen Nationalbibliografie;
detaillierte bibliografische Daten sind im Internet
über http://dnb.dnb.de abrufbar.

ISBN 978-3-8012-0612-3

Verlag J.H.W. Dietz Nachf. GmbH
Dreizehnmorgenweg 24, D-53175 Bonn

Umschlag: Jens Vogelsang, Aachen
Umschlagbilder: shutterstock.com, © boivin nicolas;
stock.adobe.com, © Darko Veselinovic
Satz: Rohtext, Bonn
Druck und Verarbeitung: CPI Books, Leck

Printed in Germany 2021

Besuchen Sie uns im Internet: www.dietz-verlag.de

Inhalt

Vorwort

Dass Demokratie die schlechteste Regierungsform sei – außer allen anderen, die schon ausprobiert wurden, ist ein zeitloses Bonmot, das dem britischen Premierminister Winston Churchill zugeschrieben wird. Leider weiß man den Wert demokratischer Freiheit zuverlässig erst dann am meisten zu schätzen, wenn sie verloren gegangen ist. Sonst scheint sie uns so selbstverständlich zu sein wie das Wetter, das ebenso häufig Anlass zu Beanstandungen gibt.

Demokratie braucht Demokraten. Der schöne Begriff der Staatsbürgerin und des Staatsbürgers in Uniform verweist darauf, dass Soldatinnen und Soldaten in der Bundesrepublik Deutschland nicht nur wissen müssen, *wie* erfolgreich zu kämpfen ist, sondern auch *wofür*. Deutsche Soldaten heute sollen Demokraten sein, Verteidiger der Freiheit. Deshalb sind politische, ethische und historische Bildung ein Dauerthema im Dienstbetrieb unserer Bundeswehr. Nicht immer erfreuen sich solche Ausbildungsinhalte größter Beliebtheit, nicht immer ist Zeit dafür, nicht jede Stunde ist wirklich gut gemacht. Aber der Anspruch steht unverrückbar fest: Armee in der Demokratie, Armee für die Demokratie, Armee von Demokraten zu sein.

Als Wehrbeauftragter des Deutschen Bundestages von 2015 bis 2020 und zuvor als Abgeordneter habe ich in unzähligen

Diskussionen mit Soldatinnen und Soldaten erlebt, wie selbstbewusst viele ihre demokratische Freiheit leben: informiert, engagiert und mäßig im Ton, wenn es um politische Fragen geht. Das ist in den Streitkräften anderer Länder, die eine andere Geschichte haben, oft durchaus anders. Unser Prinzip der Inneren Führung lebt! Aber es kann jederzeit noch Stützung und Stärkung vertragen.

Deshalb habe ich gern die Idee des Vorsitzenden des Deutschen Bundeswehrverbandes André Wüstner aufgegriffen, einmal aus meiner Perspektive aufzuschreiben, was Demokratie ist und sein soll, und mit welchen Irrungen und Abgründen wir es in der deutschen Geschichte schon zu tun hatten. Dem Dietz-Verlag, allen voran Uwe Optenhögel und Alexander Behrens, danke ich für die unkomplizierte, freundschaftliche und professionelle Umsetzung, Ute Raasch für die zuverlässige Texterfassung.

Die Farben Schwarz-Rot-Gold auf dem Cover dieses Buches stehen für die deutsche Demokratiebewegung über zwei Jahrhunderte. Heute ist es die Bundesflagge des in Freiheit vereinten Deutschlands, nichts anderes.

Das Buch kann als Einführung ins Thema »Unsere Demokratie« gelesen oder von Vorgesetzten genutzt werden als Steinbruch und Anregung für eigene Unterrichtseinheiten.

Die Demokratien des Westens stehen gegenwärtig von außen und von innen unter erheblichem Druck. Von außen: durch Russlands erneute militärische Bedrohung (Ost-)Europas mit selektiver Aufrüstung, durch Chinas immer aggressiveres Großmachtstreben und durch die Gefahren, die für viele islamische Gesellschaften, aber auch für uns von dschihadistischen Terrormilizen ausgehen. Deshalb muss die Bundeswehr künftig sowohl einsatzbereit sein zur Krisenintervention weltweit wie bisher als auch zur glaubwürdigen Bündnisverteidigung in Europa. Um sie nach Jahrzehnten des Schrumpfens dafür neu instand zu setzen, braucht es zusätzliche politische Anstrengungen.

Von innen gefährden Populismus und autoritäre Tendenzen (auch in einigen EU-Partnerländern), Nationalismus, Antisemitismus und Rechtsextremismus die Stabilität unserer westlichen Demokratien. Deutschland ist dabei keine Insel der Seligen. Besonders beunruhigend waren aber 2020/21 die Alarmsignale aus den USA. Wenn demokratische Standards nicht mehr allgemein anerkannt werden, kann alles ins Rutschen kommen.

Auch die Corona-Pandemie und die ergriffenen Seuchenschutzmaßnahmen stellen einen Stresstest für unsere Demokratie dar. Nie zuvor in Friedenszeiten wurden in solchem Ausmaß Grundrechte außer Kraft gesetzt. Wo Parlamente gegenüber Regierungsverordnungen nach nächtlichen Bund-Länder-Beschlüssen als Kontrollinstanz ausfielen, mussten Gerichte manche Entscheidungen wieder aufheben. Der Rechtsstaat funktioniert, aber er arbeitet unter sehr ungwöhnlichen Ausnahmebedinungen. Die Entwertung von Geschäftsmodellen und Lebensentwürfen erinnert manche an die biografischen Brüche in Ostdeutschland nach 1990.

Wie also unsere Demokratie sich weiter entwickelt, gehört zu den Topthemen der politischen und der wissenschaftlichen Diskussionen unserer Zeit. Das vorliegende schmale Buch soll neben dem hoffentlich hilfreichen Überblick für Staatsbürger mit und ohne Uniform auch einen kleinen Beitrag zur überfälligen Reformdebatte leisten. Dem Wissenschaftszentrum Berlin für Sozialforschung (WZB) bin ich dankbar für die Möglichkeit, dass ich das Manuskript als wissenschaftlicher Gast in der

Abteilung »Demokratie und Demokratisierung« abschließen konnte.

Berlin, im Frühjahr 2021
Hans-Peter Bartels

1 Staatsbürger in Uniform

Gewaltmonopol und Demokratie

Warlords hatten wir auch einmal. Götz von Berlichingen war so einer – der, den Goethe in seinem gleichnamigen Schauspiel »Er kann mich im A...« sagen lässt: ein echter Raubritter, der Kaufleute ausplünderte, Adelsfehden ausfocht, Geiseln nahm, aber auch seinen Kaiser in dessen Feldzügen mit eigenen Truppen tapfer unterstützte. Das ist fünfhundert Jahre her. Und Götz gehört eben nicht zum Gegenwartselend Afghanistans oder Kurdistans, sondern zur schwäbischen Landesgeschichte.

Der »Landfrieden«, der uns heute wie ein Wort aus alten, unvordenklichen Zeiten erscheint, musste damals erst mühsam durchgesetzt, musste mit Gewalt erkämpft werden. Sonst galt noch allzu oft das Recht des Stärkeren, wie es auch etwa die edlen Herren Hans Talacker von Massenbach oder Conz Schott von Schottenstein für sich in Anspruch nahmen, wegelagernde Zeitgenossen Berlichingens. Nicht damit rechnen zu müssen, totgeschlagen, verstümmelt, gefangen genommen oder ausgeraubt zu werden, versteht sich durchaus nicht von selbst. Es ist eine Errungenschaft sich durchsetzender Staatlichkeit. Der Staat soll das Gewaltmonopol haben. Nur er ist befugt zur physischen Gewaltanwendung. Dafür muss er sich an Regeln halten. Heute nennen wir das Rechtsstaat. Und Landfriedensbruch steht übrigens immer noch ganz ausdrücklich unter Strafe – egal ob sich Rechtsextremisten vor einer Flüchtlingsunterkunft zusammenrotten, Fußball-Hooligans durch die Innenstadt randalieren oder Autonome eine internationale Konferenz lahmlegen.

Nicht starke Warlords, Ritter oder Könige entscheiden heute von Fall zu Fall, was Recht ist, sondern staatliche Behörden und Gerichte. Das Gewaltmonopol nach innen nimmt die Polizei wahr, das nach außen eine stehende Armee, bei uns die Bundeswehr.

Es wäre zu schön, wenn dieser Prozess der Pazifizierung und Zivilisierung, der Befriedung unserer deutschen Gesellschaft gradlinig verlaufen wäre: von der privaten Verfügungsmacht über Waffen und Recht nach und nach hin zum öffentlichen Gewaltmonopol von heute. Aber gerade Wege gibt es weder in der allgemeinen Weltgeschichte noch in unserer sehr speziellen deutschen. Manchmal gab es gar kein »Deutschland«, sondern siebenunddreißig davon, zuletzt nochmal zwei. Und die staatliche Gewalt wurde – das ist kein Jahrhundert her – für schlimmste Verbrechen missbraucht mit zig Millionen Opfern. Der starke Staat allein, um es mit einer Zeile unserer Nationalhymne zu sagen, ist also unseres Glückes Unterpfand nicht.

Die staatliche Gewalt muss vielmehr demokratisch stark organisiert sein. Wohlgemerkt: nicht nur demokratisch kontrolliert und legitimiert und dann selber irgendwie »neutral«, sondern alle Institutionen unseres Staates müssen in sich demokratische Werte und Organisationsprinzipien zum Ausdruck bringen. Und in ihnen dienen kann nur, wer selbst unzweifelhaft ein Demokrat ist. Denn die Indifferenz vieler deutscher Staatsdiener gegenüber der damals sogenannten »Systemfrage« – Kaiserreich, Republik, Diktatur – führte mit in den Abgrund der Nazi-Barbarei. Es ist nicht egal!, lautet deshalb eine Lektion unserer Geschichte.

Aus der Geschichte lernen zu wollen, klingt erst einmal naheliegend und ist doch unendlich schwer, weil die Lernerfahrung allenfalls zeigt, welchen Wahnsinn man nicht wiederholen sollte. Aber wie genau es besser geht, sagt die Geschichte nie. Nach Drittem Reich und Weltkriegskatastrophe war die Neigung der überlebenden Deutschen, in der gerade neu gegründeten Bundesrepublik gleich wieder Streitkräfte zur Verteidigung des Westens aufzustellen, sehr überschaubar. Weil man der Absage von Bundeskanzler Adenauer an die Wiederbewaffnung nicht traute, verloren CDU und CSU Ende 1950 mehrere Landtagswahlen. Nie wieder Krieg, das war in diesen Jahren oft gleichbedeutend mit: nie wieder Militär!

Für viele Bürger, zumal auch für die Arbeiterschaft und die politische Linke, haftete dem Militär seit jeher etwas gewalttätig Obrigkeitliches an. Das betraf nicht nur die unentrinnbare Todesgefahr im Krieg, sondern auch den Zwang zur Stellung in der Kaserne, die Schikane dort und den Einsatz im Inneren gegen die eigenen Leute, wenn Erhebungen von Bauern, Bürgern oder Arbeitern niederzuschlagen waren. Die Geschichte Europas ist voll davon. Als 1849 dem preußischen König Friedrich Wilhelm IV. von der gewählten deutschen Nationalversammlung die Kaiserkrone angetragen wurde, schrieb der Monarch an einen seiner Diplomaten: »Gegen Demokraten helfen nur Soldaten.« Nicht immer zu Unrecht galt auch die Führung des Militärs als Hort politischer Reaktionäre. Und das alte deutsche Kollektivtrauma des Dreißigjährigen Krieges mit den zusammengezogenen Söldnerarmeen der Wallensteins, Mansfelds und Tillys war auch nicht gerade Werbung für den Soldatenberuf. Eines der bekanntesten Soldatenlieder vom Ende des 18. Jahrhunderts heißt »Oh, König von Preußen« und geht weiter: »Du großer Potentat,/ich bin deines Dienstes/so überflüssig satt./Was fangen wir nur an/in diesem Jammertal,/all wo ist nichts zu finden/als lauter Not und Qual?«

Die französischen Massenheere nach der Revolution von 1789 waren zunächst von ganz anderer Motivation und Qualität: Bürger, die antraten zur Verteidigung der eigenen Freiheit und der Heimat, zur Verbreitung der revolutionären Errungenschaften in ganz Europa. Solche Bürgermobilisierung gab es schließlich auch auf preußischer Seite in den Befreiungskriegen gegen Napoleon, in Wehrpflichtarmee und bewaffneten Freikorps, Burschen- und Turnerschaften. Auf die nationale Erhebung folgte dann aber keine politische Befreiung der Untertanen, sondern die Restauration der alten monarchischen Ordnung für weitere Jahrzehnte. Der Volkssouverän hatte sich damit noch nicht freigekämpft. Für einen Moment schien es 1848 so weit zu sein, aber die deutsche Nationalversammlung in Frankfurt scheiterte schließlich.

Aus der langen Tradition deutscher Obrigkeitsstaatlichkeit hat sich bis heute eine gewisse Reserviertheit in Teilen der Bevölkerung gegen Militär und Polizei erhalten, auch in unserem unzweifelhaft demokratischen Staat. Beispielhaft dafür stehen die Außerparlamentarische Opposition in den 1960er-Jahren, die Friedensbewegung in den achtziger Jahren und bis heute die politische Programmatik der Alt-68er.

Bei Umfragen über das Vertrauen in Institutionen oder eine »gute Meinung« über bestimmte Berufsgruppen liegen die Uniformträger aber seit langem kontinuierlich im oberen Bereich (Vertrauen in die Bundeswehr 2020: 68 Prozent). Die 185.000 Bundeswehrsoldaten mögen das oft gar nicht glauben, aber ihr öffentliches Ansehen ist heutzutage eigentlich ganz gut, selbst wenn gelegentlich der eine oder andere Skandal daran kratzt, jedenfalls besser als zum Beispiel das von Medien oder Banken. Und für die Polizei mit ihren über 300.000 Beamtinnen und Beamten in Bund und Ländern gilt das auf höherem Niveau genauso (2020: 84 Prozent).

Natürlich wünschen sich diejenigen, die buchstäblich den Kopf hinhalten für die Durchsetzung unserer Rechtsordnung oder politischer Beschlüsse wie etwa Bundeswehreinsätze auf dem Balkan, im Mittelmeer, in Afghanistan oder in der malischen Wüste, eine 100-Prozent-Rückendeckung ihrer Mitbürgerinnen und Mitbürger. Aber 100 Prozent gibt es nur in Diktaturen, und da wären sie alles andere als echt.

Mit dem Slogan »Wir verteidigen auch euer Recht, gegen uns zu sein« kann die Bundeswehr durchaus Werbung machen. Oppositionsrechte, Mehrheit und Minderheit, freiheitliche demokratische Prinzipien – das genau ist es, was die Träger unseres staatlichen Gewaltmonopols zu schützen haben. Dafür müssen sie es auch schützen *wollen*. Demokraten stehen für die Demokratie unseres Landes ein. Deshalb braucht es als Eingangsvoraussetzung mehr als nur die formale Staatsbürgerschaft. Deutsche Nazis, Islamisten oder Anarcho-Sektierer mögen vielleicht Interesse daran haben, bei Militär oder Polizei den Umgang mit Waffen zu lernen. Doch da sie tatsächlich das verachten, was sie verteidigen sollen, kann die Konsequenz nur heißen: keine Uniform!

Eine andere Armee mit neuen Prinzipien

Wie aber gründet man zehn Jahre nach dem Zweiten Weltkrieg, 1955, nach den moralischen und materiellen Verwüstungen des nationalsozialistischen Deutschland eine demokratische Armee? Keine Wiedergründung von Wehrmacht oder Reichswehr, sondern etwas ganz Neues, Anderes?

Natürlich steckte zunächst einmal sehr viel Wehrmacht in der Bundeswehrgründung. Bundeskanzler Konrad Adenauer verwies darauf, dass die Nato ihm 18-jährige Generäle nicht abnehmen würde. Und mit einer anderen Metapher, dass man schmutziges Wasser nicht weggießen könne, solange man kein sauberes habe. Es waren also kriegsgediente Offiziere und Unteroffiziere der Wehrmacht, die zum Aufbau der neuen Armee herangezogen wurden. Nur die jungen Wehrpflichtigen, Trümmerkinder, Nachkriegsjugendliche, kamen frisch hinzu.

Das wirklich Neue am westdeutschen Militär waren drei fundamentale Prinzipien, die es so vorher nicht gab, sie heißen »Parlamentsarmee«, »Innere Führung« und »Internationalisierung« im Bündnis.

Was heißt Internationalisierung? Da die Bundeswehr mit ihrer späteren Sollstärke von knapp unter einer halben Million Soldaten (mobilgemachter Verteidigungsumfang zum Schluss: 1,3 Millionen) direkt in die schon bestehende atlantische Verteidigungsgemeinschaft hineingegründet wurde, brauchte sie keinen eigenen Generalstab, sondern war hauptsächlich Truppensteller für die integrierte Bündnis-Kommandostruktur. Das Kommando über den Nato-Abschnitt AFCENT, Europa-Mitte (wozu die ganze Bundesrepublik Deutschland minus Schleswig-Holstein gehörte) führte in der Regel ein Vier-Sterne-General der Bundeswehr. Die neuen Streitkräfte sollten kein klassisch nationales Machtmittel sein, sondern von Anfang an eine Bündnisarmee. Das sollte übrigens heute auch auf dem Weg zu einer Europäischen Armee helfen, den programmatisch die großen Parteien in Deutschland befürworten und dem in Umfragen eine Mehrheit der Europäer zustimmt. Die frühe Internationalisierung der Bundeswehr ist und bleibt ein Vorteil.

Parlamentsarmee wiederum bedeutet: Stärke und Organisation der neuen Streitkräfte müssen sich jeweils aus dem vom Parlament beschlossenen Bundeshaushalt ergeben (Art. 87a, 1 GG). Für Geheimbudgets oder eine »Schwarze Reichswehr« gibt es keine dunklen Nischen mehr. Im Frieden untersteht die Truppe dem Verteidigungsminister (Art. 65a GG), im Krieg dem Bundeskanzler (Art. 115b GG), beide sind dem Bundestag verantwortlich, anders als in Zeiten der Weimarer Republik mit der militärischen Oberhoheit des direkt gewählten, parlamentsunabhängigen Reichspräsidenten. Eid und Gelöbnis leisten die Soldaten nicht auf Kaiser, Präsident oder »Führer«, sondern auf »Recht und Freiheit des deutschen Volkes«. Ihr treues Dienen gilt nicht einem beliebig verfassten Vaterland, sondern ausdrücklich Deutschland in seiner Form als »Bundesrepublik«. Wehrpflichtige können den Kriegsdienst verweigern (Art. 4, 3 und 12a, 2 GG).

Die Entscheidung über Krieg und Frieden trifft ausschließlich (auf Antrag der Bundesregierung) die Legislative, der Bundestag mit Zustimmung des Bundesrates (Art. 115a, 1 GG). Kann der Bundestag nicht rechtzeitig beschlussfähig zusammentreten, bleibt es trotzdem beim Parlamentsvorbehalt: Dann entscheidet ein kleinerer »Gemeinsamer Ausschuss« aus Mitgliedern von Bundestag und Bundesrat (Art. 115a, 2 GG). Tränenrührend liest sich heute die Grundgesetzformulierung zur offiziellen Verkündung der parlamentarischen Feststellung des Verteidigungsfalls durch den Bundespräsidenten im Bundesgesetzblatt: »Ist dies nicht rechtzeitig möglich, so erfolgt die Verkündung in anderer Weise; sie ist im Bundesgesetzblatte nachzuholen, sobald die Umstände es zulassen.« (Art. 115a, 3 GG) An was für eine Art Krieg, an was für Umstände mögen die Abgeordneten gedacht haben, als sie »sobald die Umstände es zulassen« in die Verfassung schrieben? An einen massiven Atomwaffeneinsatz? Doch selbst im alleräußersten Fall sollte das Primat des Parlaments sichtbar dokumentiert bleiben.

Die Bundeswehr ist keine Verfügungsmasse der Bundesexekutive. Auch im Fall des Inneren Notstands wäre ein Militäreinsatz in Deutschland unverzüglich zu beenden, sobald Bundestag oder Bundesrat dies beschließen (Art. 87a, 4 und 91, 2 GG).

Der Parlamentsvorbehalt, der selbst unter den Bedingungen eines nuklearen Infernos in Deutschland absolute Geltung beansprucht (unweit von Bonn im Ahrtal gab es früher einen eigenen Atombunker für die Verfassungsorgane des Bundes), gilt selbstverständlich auch für jeden anderen deutschen Einsatz bewaffneter Streitkräfte (Art. 24, 2 GG), etwa wenn bei einer multinationalen Friedens-, Stabilisierungs-, Antiterror- oder Ausbildungsmission die Anwendung von Gewalt zu erwarten (das heißt nicht auszuschließen) ist. Dafür muss die Bundesregierung dann ein befristetes Mandat im Parlament beantragen. Diesem Antrag kann der Bundestag ohne Änderung zustimmen oder ihn ablehnen. Ein eigenes Initiativrecht hat er nicht. Die zwingende Beteiligung des Parlaments bei den Entsendeentscheidungen für Auslandseinsätze schreibt seit 1994 ein Beschluss des Bundesverfassungsgerichts verbindlich vor. Seit 2005 ist das Prozedere auch gesetzlich (im sogenannten Parlamentsbeteiligungsgesetz) geregelt. Danach darf Deutschland seine Streitkräfte nur im Rahmen von Systemen kollektiver Sicherheit wie Nato, UNO oder EU einsetzen oder wenn für das internationale Eingreifen jedenfalls eine Ermächtigung des Weltsicherheitsrats vorliegt. Notfalls kann es dann auch eine situativ gebildete »Coaliton of the willing« sein, eine Koalition der Willigen. Nationale Alleingänge im Ausland sieht das Grundgesetz nicht vor.

Dies alles sind Parlamentsrechte des ganzen Deutschen Bundestages. Zur Vorbereitung von Plenumsbeschlüssen (Haushalt, Mandate) und zur kontinuierlichen Kontrolle des Regierungshandelns gibt es darüber hinaus weitere Organe, die sich regelmäßig mit Militärfragen befassen: den Auswärtigen Ausschuss (federführend bei der Beratung von Einsatzmandaten), den Haushaltsausschuss (der militärischen Beschaffungsvorhaben ab einem Volumen von 25 Millionen Euro zustimmen muss) und den Verteidigungsausschuss (für die laufende Befassung mit Bundeswehrangelegenheiten). Auswärtiger und Verteidigungsausschuss gehören (neben Petitionen und Europa) zu den vier in der Verfassung extra verankerten Pflichtausschüssen, die der Bundestag in jeder Wahlperiode wieder neu bilden muss (Art. 45a, 1 GG). In der Gestaltung aller anderen Ausschusszuschnitte ist er frei. Dem Verteidigungsausschuss steht als einzigem das besondere Recht zu, sich gegebenenfalls per Beschluss selbst zum Untersuchungsausschuss umzuwandeln – mit allen umfassenden rechtlichen Möglichkeiten, die ein Parlamentarischer Untersuchungsausschuss zur Aufklärung von Missständen in Regierung oder Bundeswehr haben kann (Art. 45a, 2 GG).

Das sieht nach einer starken Stellung aus. Und von dem Recht auf parlamentarische Untersuchung wird auch selbstbewusst Gebrauch gemacht: vom Rechtsextremismus in der Truppe über einzelne Vorkommnisse in Kandahar oder in Kundus bis zu umstrittenen Beschaffungsthemen. Aber in allen für die Soldatinnen und Soldaten so wichtigen Bundeswehr-Organisationsfragen, von Struktur bis Stationierung, entscheidet die Exekutive allein. Sie hat die sogenannte Organisationshoheit.

Alles im allem ist die Bindung des bundesrepublikanischen Militärs ans nationale Parlament stärker als je zuvor in Deutschland und stärker als bei ziemlich jedem unserer Bündnispartner – aus guten historischen Gründen. Wenn gelegentlich international beklagt wird, der Parlamentsvorbehalt bei Auslandseinsätzen führe zu einer übervorsichtigen Zurückhaltung Deutschlands bei gefährlichen Missionen, dann ist das insofern richtig, als man hierzulande im Gegensatz zu früher erst einmal alle anderen politischen Mittel dem militärischen Engagement vorziehen möchte. Das hat natürlich Grenzen. Deshalb ist es zweitens gar keine abstrakte Frage von Parlamentsbeteiligung oder nicht, ob und wie Deutschland sich mit seinen Soldaten in multinationalen Einsätzen engagiert, sondern immer eine konkrete Frage der politischen Mehrheitskonstellation.

Da war zum Beispiel die rot-grüne Koalition von Bundeskanzler Gerhard Schröder (1998–2005) deutlich interventionsbereiter, auch am scharfen Ende (Kosovo, Afghanistan), als die schwarz-roten und schwarz-gelben Koalitionen unter Bundeskanzlerin Angela Merkel (2005–2021). Sinnvoll wäre in jedem Fall, sich auch über den Erfolg der diversen Interventionen der internationalen Gemeinschaft Rechenschaft zu geben, spätestens wenn sie abgeschlossen sind.

Nach der sicherheitspolitischen Wende von 2014 aufgrund der russischen Annexion der Krim und der militärischen Destabilisierung der Ukraine mit ihren 45 Millionen Einwohnern steht für die Bundeswehr jetzt allerdings eine andere, eigentlich altbekannte Aufgabe neu im Vordergrund: die kollektive Verteidigung Europas, diesmal nicht wie im Kalten Krieg bis 1990 Landesverteidigung als Bündnisverteidigung entlang der innerdeutschen Grenze, sondern als solidarische Verstärkung und Rückversicherung unserer osteuropäischen Partnernationen Litauen, Estland, Lettland, Polen, Bulgarien und Rumänien. Die seit dem Ende der Blockkonfrontation zur strukturbestimmenden Hauptaufgabe gewordenen Auslandseinsätze außerhalb des Bündnisgebiets, »out of area«, scheinen dahinter jetzt wieder etwas zurückzutreten.

»Parlamentsarmee« ist also ein Prinzip, das die Bundeswehr in die Demokratie der Bundesrepublik Deutschland einbettet und das einen grundlegenden Unterschied macht sowohl zu der einen Vorgängerarmee, die als Staat im Staate die Weimarer Republik nicht verteidigen wollte, etwa gegen den Kapp-Putsch 1920 (»Reichswehr schießt nicht auf Reichswehr«), wie auch zur anderen Vorgängerarmee, die sich für die nationalsozialistische Barbarei missbrauchen ließ.

Noch eine weitere parlamentarische Sicherung wurde mit Gründung der Bundeswehr geschaffen. Sie ist zugleich das Bindeglied zu dem neuen Prinzip der »Inneren Führung«: Die Institution des Wehrbeauftragten hat keinerlei Anknüpfungspunkte in der deutschen Militärgeschichte. Ein internationales Vorbild fand sich in Schweden. In einem eigenen Grundgesetzartikel (Art. 45b GG) heißt es: »Zum Schutz der Grundrechte und als Hilfsorgan des Bundestages bei der Ausübung der parlamentarischen Kontrolle wird ein Wehrbeauftragter des Bundestages berufen.«

Schutz der Grundrechte, das verweist darauf, dass jeder Soldat und jede Soldatin auch in der Kaserne Staatsbürger bleibt, Staatsbürger in Uniform mit allen Rechten, die draußen gelten, einschränkbar nur durch die unmittelbaren Erfordernisse des Wehrdienstes, wie zum Beispiel das Wohnen in der Gemeinschaftsunterkunft. Würde und Respekt müssen auch im Dienst gelten. Deutsche Soldaten dürfen anders als in manchen anderen Nato-Ländern wählen und gewählt werden, Mitglied in Parteien oder Gewerkschaften sein. Sie bestimmen Vertrauensleute, können sich beschweren, unterliegen keiner besonderen Militärgerichtsbarkeit – und sie haben das Recht, sich jederzeit ohne Einhaltung des Dienstweges mit Eingaben an den Wehrbeauftragten zu wenden. Das Amt ist die spezielle Petitionsinstanz des Bundestages für Soldatinnen und Soldaten. Schon die Existenz dieser Möglichkeit verändert das innere Gefüge der Streitkräfte.

Hinzu kommt, dass Befehl und Gehorsam mit Gründung der Bundeswehr nicht länger absolut gelten. Man habe »nur Befehle ausgeführt«, kann nicht von der Mitverantwortung für alles eigene Tun entbinden, nie wieder. »Befehl ist Befehl« gibt es nicht mehr. Zur klassischen »äußeren Führung« durch den Befehlsgehorsam tritt für die neuen Bundeswehrsoldaten seit 1955 die »Innere Führung«: ihre eigene Verantwortlichkeit. Jeder Soldat und jede Soldatin muss in sich einen freiheitlichen, demokratischen, manche mögen auch sagen: christlichen oder humanistischen Maßstab tragen, ein persönliches Maß für Gut und Böse, für Richtig und Falsch, für Recht und Unrecht.

Das klingt schwieriger, als es ist. Wenn Offiziere einer deutschen Ortskommandantur auf der Krim 1941 in ihren Berichten über die Judenvernichtung an ihr Armeeoberkommando das Wort »Exekution« durchstrichen und durch »Umsiedlung« ersetzten, dann wussten sie sehr genau, was böse und falsch war. Bei den meisten Menschen lässt sich das Gewissen nämlich nicht wirklich herausoperieren, sondern nur eine Zeit lang betäuben.

Wie hin- und hergerissen aber müssen die Wehrmachtssoldaten gewesen sein, die sich dem militärischen Widerstand gegen

Hitler anschlossen! Sie brachen ihren Eid (auf den »Führer«), sie arbeiteten gegen Befehl und Gehorsam an Vorbereitung und Durchführung eines Staatsstreichs mit. Die Verschwörer hatten kein äußeres rechtliches Korsett, an das sie sich halten konnten – nur die Wertmaßstäbe in sich selbst, ihre Gewissensnot, ihren Glauben. Sie mussten für sich selbst entscheiden, auf welcher Seite sie stehen wollten. So haben sie Verantwortung übernommen für Deutschland. Den meisten wird klar gewesen sein, dass sie scheitern konnten, dass es vielleicht ihr Leben kosten würde, dass sie ihre Familien in Gefahr brachten. Aber sie glaubten, dass sie es wenigstens versuchen mussten. Die Bombe explodierte dann unter dem falschen Ende des Tisches. Innerhalb weniger Stunden brach der Staatsstreich, die Operation »Walküre«, zusammen.

Der militärische Aufstand gegen Hitler kann als Geburtsstunde der Inneren Führung gelten, nicht des ausformulierten Konzepts, sondern der selbstverantworteten Praxis. Man kann auf der Suche nach historischen Vorbildern auch auf die revolutionären Matrosen der Hochseeflotte in Wilhelmshaven und Kiel 1918 zurückkommen, die den Krieg nicht verlängern, sondern beenden wollten. Oder auf den General York, der 1812 in der Konvention von Tauroggen mit seinen preußischen Truppen eigenmächtig die Fronten (von Frankreich zu Russland) wechselte. Aber die Tapferkeit der putschenden Heeresoffiziere vom 20. Juli 1944 bleibt einzigartig.

Nachträglich gibt den Widerständlern vieles recht, nicht nur historisch, sondern auch juristisch, etwa Gustav Radbruchs berühmte Formel von 1946, nach der eine Rechtsordnung unwirksam wird, wenn die Ungerechtigkeit ein »unerträgliches Maß« annimmt. Den übergeordneten Notstand thematisiert auch die Verantwortungsethik des deutsch-amerikanischen

Philosophen Hans Jonas, der als kategorischen Imperativ formuliert: »Du musst, weil Du kannst!« Nur die aktive Truppe wäre im Dritten Reich noch in der Lage gewesen, das Mörderregime mit seinem gewalttätigen Machtapparat im Inneren zu beseitigen.

Und zum Schutz jener neuen demokratischen Ordnung der Freiheit, die erst mit der vollständigen Niederlage Nazi-Deutschlands möglich wurde, bestimmt das Grundgesetz seit einer Änderung im Rahmen der sogenannten Notstandsgesetze 1968: »Gegen jeden, der es unternimmt, diese Ordnung zu beseitigen, haben alle Deutschen das Recht zum Widerstand, wenn andere Abhilfe nicht möglich ist.« (Art. 20, 4 GG) Diese Verfassungsbestimmung dürfte weltweit beispiellos sein, und sie ehrt auf besondere Weise die Helden des Widerstands, Soldaten wie Henning von Tresckow, Claus Schenk Graf von Stauffenberg und Ludwig Beck und ihre zivilen Mitverschwörer wie Julius Leber und Carl Goerdeler.

Die Nürnberger Prozesse schufen nach dem Krieg neues Recht, mit dem die unvorstellbaren Verbrechen der Nazi-Täter überhaupt erst zu fassen waren: Seitdem sind die Tatbestände des Völkermordes und des Verbrechens gegen die Menschlichkeit Kategorien des Völkerstrafrechts. Heute muss jeder Diktator oder Milizenführer, der Gruppen von Mitbürgern jagt und umbringt, mit genau diesen Anklagen rechnen. Die Killing Fields der Roten Khmer in Kambodscha 1975–1979, der Genozid in Ruanda 1994, das Massaker im bosnischen Srebrenica 1995 – solche Verbrechen kommen seitdem vor Gericht.

Gebrochene Biografien

Da es aber trotz allem keinen Schlussstrich unter die Vergangenheit gibt, gehören zur Gründungsgeschichte der demokratischen Bundeswehr ganz wesentlich die Erfahrung und die Professionalität des alten Militärs, soweit es sich in die neue Ordnung einbringen wollte und durfte. Erster Generalinspekteur der westdeutschen Streitkräfte wurde der frühere langjährige Chef der Operationsabteilung im Oberkommando des Heeres (OKH), Adolf Heusinger. Zur Nato ging der Mitverschwörer des 20. Juli und damalige Chef des Stabes der Heeresgruppe B in Frankreich, Hans Speidel. Als Vorsitzenden eines Gutachterausschusses zur Beurteilung der Regierungsvorlagen für die geplante Bundeswehrstruktur bestellte der Verteidigungsausschuss des Deutschen Bundestages den berühmtesten überlebenden deutschen Militärführer, Generalfeldmarschall a. D. Erich von Manstein, zuletzt Oberbefehlshaber der Heeresgruppe Süd an der Ostfront. Manstein war zugleich der letzte von den Alliierten verurteilte Kriegsverbrecher der Wehrmacht (unter anderem wegen der Judenvernichtung auf der Krim), wurde aber recht bald wieder aus der Haft entlassen.

Zum ersten Wehrbeauftragten wählte der Bundestag 1959 Generalleutnant a. D. Helmuth von Grolman, Chef des Stabes der Heeresgruppe Süd (nach Mansteins Zeit) in den Rückzugskämpfen über den Balkan und Ungarn, später Staatssekretär in Niedersachsen. Sein Nachfolger wurde Vizeadmiral a. D. Hellmut Heye, im Krieg zuletzt Befehlshaber der Kleinkampfverbände der Marine, später CDU-Bundestagsabgeordneter. Die ersten sieben von inzwischen dreizehn Wehrbeauftragten des Deutschen Bundestages waren Soldaten der Wehrmacht gewesen. Erst zwei haben in der Bundeswehr gedient (Hellmut Königshaus und ich). So lange wirkt Geschichte nach.

Gebrochene Biografien kennzeichnen das Leben vieler Deutscher im 20. Jahrhundert. Ständige Disruption der Herrschaftssysteme war beinahe der historische Normalfall: vom Kaiserreich (1871–1918) über Weltkrieg I (1914–1918) zur Weimarer Republik (1918–1933), zur Nazi-Diktatur (1933–1945), über Weltkrieg II (1939–1945) zur Bundesrepublik (seit 1949) beziehungsweise zur DDR (1949–1990) und von da schließlich ins geeinte Deutschland (seit 1990).

Von der bedeutendsten Schriftstellerin der DDR, Christa Wolf, die auch einmal Kandidatin für das Zentralkomitee der Sozialistischen Einheitspartei SED war, existierten im Archiv der Staatssicherheit 150 Seiten aus ihrer Tätigkeit als IM, als geheime Inoffizielle Mitarbeiterin: »Täterakten«. Da war sie eine junge Frau. Außerdem finden sich im Stasi-Archiv 15.000 Seiten »Opferakten«, Bespitzelungsprotokolle, IM-Berichte über sie und ihr staatsgefährdendes Dichterleben (»Der geteilte Himmel«, »Störfall«). Darüber gab es nach der Wende einen erbitterten »deutschen Literaturstreit«. Für ihre Beerdigung hatte Wolf sich, als sie 2011 starb, ein Gedicht gewünscht, das auf ihr Leben wie auf das vieler anderer in diesem zerrissenen Land passte. Es heißt »An sich«: »Sei dennoch unverzagt, gib dennoch unverloren,/[...] hat sich gleich wider Dich Glück, Zeit und Ort verschworen.« Geschrieben hat es während des Dreißigjährigen Krieges der 1640 verstorbene Arzt Paul Fleming.

Zur falschen Zeit im falschen Land das falsche Leben zu führen, das mag ein sehr deutsches Gefühl sein. Damit ist nichts entschuldigt und nichts erklärt – aber benannt. Der Weg vom Saulus zum Paulus war in Deutschland kein individueller Trampelpfad, sondern eine Rollbahn für Millionen, immer wieder.

Wehrmacht und Tradition

Den Erfindern und Vorkämpfern der »Inneren Führung«, Baudissin, Kielmansegg und de Maizière, war klar, dass demokratisches Bewusstsein weder bei altgedienten Soldaten noch bei neu gezogenen Wehrpflichtigen ohne weiteres einfach vorausgesetzt werden konnte, nicht in den 1950er-Jahren und später auch nicht. Deshalb gehört zum Bild des Staatsbürgers in Uniform konzeptionell notwendig dessen dienstlicher Anspruch auf politische Bildung, dazu noch ethische Bildung und historische Bildung. Doch so schlüssig sich das anhört, so schwierig ist die Umsetzung in der Praxis bis heute. Wer kann den Unterricht geben, und wann ist überhaupt Zeit dafür?

Über die Frage, ob der Stellenwert dieser neumodischen Inneren Führung nicht ein bisschen übertrieben wird, ob die »weiche Welle« nicht die Kampfkraft schwächt und ob wirklich jeder Befehl immer erst erklärt und verstanden sein muss, bevor die Panzer rollen können, über diese Themen gab es, solange die Kriegsgeneration noch aktiv war, lebhafte Diskussionen insbesondere unter den Offizieren der Bundeswehr, bis sich die Innere Führung dem Grundsatz nach wirklich etabliert hatte. Parallel dazu verschwand nach und nach der Wehrmachtsbezug aus der Traditionspflege des neuen Militärs. Traditionsräume in den Bundeswehrkasernen für ehemalige Wehrmachtsverbände, Fahnen, Gedenkfeiern, Kasernennamen – das alles klang ab, wurde aufgearbeitet und historisiert, jedenfalls wenn es gut lief. Sonst wurde verboten, was allerdings nicht immer ohne Nebenwirkungen blieb. Unverstandene Geschichte spukt weiter als scheinbar cooles Vorbild in manchen Köpfen herum. Man müsste darüber reden.

In neuerer Zeit hat der Historiker Sönke Neitzel (»Deutsche Krieger«, 2020) eine Debatte über die partielle Vorbildhaftigkeit der Wehrmacht angestoßen. Sein Hauptpunkt ist das Kämpferische an sich, das rein Soldatische, das unter allen politischen Umständen erst einmal herausgebildet, eingeübt und gepflegt werden müsse – und an das man traditionsmäßig anknüpfen könne über Generationen, Kriege und Systemwechsel hinweg, jedenfalls in den kämpfenden Truppengattungen des Heeres: von Fallschirm- und Gebirgsjägern über die Heeresaufklärungstruppe bis hin zu den Panzergrenadieren. Ohne den Kampfgeist echter Krieger werde, so legt das Buch nahe, der militärische Wert einer Armee – und sei sie noch so demokratisch – fragwürdig. Richtig ist: Ohne die Befähigung und den Willen zum Kampf geht es nicht! Aber das kann den Vernichtungskrieg der Wehrmacht im Osten, die willfährige Verstrickung in Verbrechen an Zivilisten und Millionen von Kriegsgefangenen, die aktive Beteiligung am Holocaust und die Absicherung der Nazi-Herrschaft in keiner Weise relativieren. Und selbst das legendäre Afrikakorps focht für keine gute Sache. Rommels Kühnheit ist gewiss von historischem Erklärinteresse, aber mitnichten eine bewunderungswürdige Traditionsquelle. Das Wofür darf niemals egal sein!

Unstrittig ist, dass es keine Bundeswehrgeschichte ohne Wehrmachtsbezug gibt. Kriegserfahrung prägte den Aufbau der neuen Truppe. Ob nun aber alle Kämpfer in unseren Streitkräften heute mit Neitzels Lieblingsbegriff »Tribal Cultures« für langlebige Verhaltensmuster und Images der unterschiedlichen Truppengattungen glücklich sind, mag bezweifelt werden. Aktiver Mandatsträger im Bundeswehrverband, gewählte Vertrauensperson und zugleich Kommandofeldwebel zu sein, ist überhaupt kein Widerspruch in sich. Und bestimmte Ekelrituale bei der Aufnahme in die Kampfgemeinschaft eines Hochgebirgszuges fallen im 21. Jahrhundert vielen jungen Unteroffizieren ganz von selbst als anachronistisch auf. Der ehemalige evangelische Militärbischof Sigurd Rink hält das Soldatenbild des »archaischen Kämpfers« für gefährlich, zurecht. Die Reduzierung auf ein »möglichst effizientes, gewissen- und verantwortungsloses Kampfinstrument« verstoße gegen die Grundrechte, zuvorderst die Würde des Menschen, schreibt der Theologe in seinem Buch »Können Kriege gerecht sein?«.

Die Frage aber, was nun in unseren vergleichsweise friedlichen und zivilen deutschen Verhältnissen den demokratischen Staatsbürger zusätzlich zum verlässlichen »Krieger« macht und welche Tradition aus der Geschichte, die wir kennen, den Soldatinnen und Soldaten am besten ethische Orientierung gibt, ist durchaus relevant. Sie muss nicht ein für alle Mal von oben beantwortet werden, sondern ist auch ein Thema für die informierte Diskussion der mündigen Staatsbürgerinnen und Staatsbürger in Uniform untereinander.

Rechtsextremismus thematisieren

In meinen Jahren als Wehrbeauftragter (2015–2020) habe ich immer wieder dazu Stellung nehmen müssen, ob die Bundeswehr ein Demokratieproblem hat. Oder ein Rechtsextremismusproblem. Dabei war mir stets wichtig, nichts zu verharmlosen, was in der Bundeswehr wie in der übrigen Gesellschaft an problematischen Tendenzen zu beobachten war und ist. Wir erkennen in Teilen der sozialen Medien eine Verrohung der Sprache. Hass wird gesellschaftsfähig. Bekennende Rechtsextremisten werden in Parlamente gewählt. Verschwörungsdenken ist verbreiteter, als man glaubt. Nazi-Terroristen ermorden Menschen.

Idealerweise sollte sich nichts davon auf die Bundeswehr auswirken. Deshalb gibt es heute Sicherheitsüberprüfungen schon gleich bei der Einstellung (und später gegebenenfalls wieder). Deshalb gibt es den Militärischen Abschirmdienst, der inzwischen genauer und mit mehr Personal auf Extremismus und mangelnde Verfassungstreue achtet. Dafür sollte es auch eine Sensibilisierung der Vorgesetzten geben, denen auffallen müsste, wenn jemand ins Reichsbürgermilieu oder zu den Identitären abdriftet. Und schließlich ist jede Soldatin und jeder Soldat gefragt: Weghören und Wegschauen, hat einmal ein Heeresinspekteur gesagt, wäre falsch verstandene Kameradschaft, Hinschauen und Ansprechen dagegen eine Frage der Ehre. Trotzdem wird an manchen Stellen gehetzt, und niemand meldet. Hakenkreuze, Hitlergruß, Rechtsrock, zweideutige Tätowierungen (»Runen? Finde ich schön!«), rassistische Pöbeleien – das ist alles nicht neu und alles nicht weg. Wichtig wäre, dass es weniger wird. Und dabei sollte es nicht zu falschen Solidarisierungen kommen. Es geht nicht gegen das Soldatische, sondern gegen das Antidemokratische.

Mir scheint, dass gerade in den klassischen Kampfverbänden Vorgesetzte der Gefahr begegnen sollten, dass junge Männer, die hart trainieren, vielleicht auch schon eine harte Auswahl hinter sich haben, keinen umfassenden Kult der Härte entwickeln und entsprechend auch im politischen Bereich nach dem »Härtesten« suchen, womit sie sich identifizieren können. Das wären dann wahrscheinlich nicht Armin Laschet, Olaf Scholz und Annalena Baerbock.

Das Problem darf nicht nur bei den einzelnen Soldaten (Soldatinnen gibt es in diesem Zusammenhang fast gar nicht) festgemacht werden, die einschlägig auffällig werden, sondern es liegt auch in der Verantwortung der Vorgesetzten und der höheren Führung, systematische Gefährdungen zu erkennen und ihnen aktiv entgegenzuwirken. Bestimmte infanteristische Truppenteile, in denen hohe körperliche Anforderungen gestellt und nicht zuletzt elementare Gefechtssituationen eingeübt werden müssen, Kampfverbände, die tendenziell männlich, jung und mannschaftsstark aufgestellt sind, in denen die Gemeinschaftsunterbringung Standard, gewollt und beliebt ist, diese Verbände verdienen besondere Fürsorge. Das heißt nicht, dass es nicht auch in Kommandobehörden oder auf einem Schiff, einem Fliegerhorst, bei der Nachschub- oder der Fernmeldetruppe, selbst in zivilen Dienststellen zu extremistischen Auffälligkeiten kommen kann. Aber da liegt nicht der Schwerpunkt.

Das Zauberwort heißt thematisieren. Der Normalfall sollte sein, dass Vorgesetzte (und Kameraden) erkannte Probleme offen ansprechen. Am besten sogar, wenn man damit rechnen muss, dass es antidemokratische Einstellungsmuster gibt, schon bevor die Probleme manifest werden. Das geht im Einzelgespräch, aber auch im Rahmen der Stunden für die politische und ethische Bildung. Und wenn einem dann in der Diskussion mancher Kopf reichlich hohl vorkommt und darin Versatzstücke nationalistischer oder antisemitischer Übermenschen-Ideologien herumklappern, dann könnte da eventuell noch Platz sein für bessere Erkenntnisse. Mancher 20-Jährige hat wirklich noch nie ernsthaft die Bekanntschaft mit demokratischem Basiswissen gemacht. Da ist nichts, nur der wiedergekäute Nazi-Kram, den die schlechten Freunde so labern, und dem bisher nie jemand widersprach, jedenfalls niemand, der für den Betroffenen wichtig ist. Es mag altertümlich klingen, aber neben dem Bildungs- haben Vorgesetzte in der

Bundeswehr tatsächlich auch einen Erziehungsauftrag. Man muss es versuchen.

Wo das aber nichts nützt, wo extremistische Selbstbilder schon verfestigt sind oder wo schwere Disziplinarvergehen oder Straftaten vorliegen, muss die Bundeswehr sich konsequent von den Betroffenen trennen. Wer von diesem Staat Kriegswaffen in die Hand bekommt, muss klar und eindeutig auf der Seite von Recht und Freiheit unserer Demokratie stehen. Da hat es in der Vergangenheit gelegentlich an Eindeutigkeit gefehlt, manchmal aus Mangel an Problembewusstsein, manchmal aus Bequemlichkeit, weil Entlassungsverfahren unter bestimmten Umständen zäh und langwierig sein können. Nach den neuerlichen Diskussionen über Franco A., Rechtsextremisten im Kommando Spezialkräfte und abgewehrte Unterwanderungsversuche im Reservistenverband kann niemand mehr sagen, er wisse nicht, worum es geht.

Der Bundeswehrverband und die Bundeswehr der Erwachsenen

Wenn ich über Demokratie und Bundeswehr spreche, ist allerdings Rechtsextremismus nicht das Erste, was mir dazu einfällt, sondern unsere weltweit einzigartige militärische Interessenvertretung, der Bundeswehrverband mit seinen über 200.000 Mitgliedern. Das sind mehr, als die Bundeswehr im Moment an Soldatinnen und Soldaten zählt. In anderen Ländern, wo solche Selbstorganisation der Soldaten verboten ist oder keinen Schwung hat, sind es oft Veteranenverbände, die für die Interessen der aktiven Uniformträger einstehen. Bei uns tun es die Aktiven selbst. Und das ist keine vereinsmeiernde Spielerei, sondern echte, gelebte Demokratie. Die Truppenkameradschaften wählen Vorstände und Delegierte, der Verband stellt Kandidatinnen und Kandidaten für die Wahl von Vertrauensleuten und Personalräten auf. Man fasst auf allen Ebenen berufspolitische Beschlüsse, stellt Forderungen an Parlament und Regierung, veranstaltet Weiterbildungsseminare und politische Diskussionsrunden und geht als authentische Stimme der Bundeswehr an die Öffentlichkeit. Fortschritte bei der allgemeinen Besoldungsstruktur, oder auch bei der Versorgung von Einsatzversehrten oder der Erweiterung des Trennungsgeldanspruchs für langjährige Pendler sind klassische, quasi-gewerkschaftliche Themen der erfolgreichen Interessenvertretung.

Auf den Delegiertenversammlungen der Landesverbände, bei den speziellen Zielgruppentagungen für Spieße, für Kommandeure, für Mannschaften oder für Mandatsträger habe ich zigmal verfolgt, wie Soldatinnen und Soldaten aus allen Teilen der Bundeswehr miteinander diskutieren, manchmal kontrovers, immer zivilisiert. Dass in der Debatte der Hauptfeldwebel dem Fregattenkapitän widerspricht und die Frau Oberleutnant sich in der Vorstandswahl gegen den Herrn Stabshauptmann durchsetzt, ist der wunderbare Alltag einer demokratischen Armee, wie es sie in Deutschland nie zuvor gab. Nichts kommt von selbst. Aber starke Institutionen wie der Bundeswehrverband und die gewählten Beteiligungsgremien, der Verteidigungsausschuss und der oder die Wehrbeauftragte des Deutschen Bundestages, auch die Militärseelsorge in der ethischen Bildung, andere Soldatenvereinigungen und der Reservistenverband sind extrem starke Stabilisatoren des Demokratieprinzips in unseren Streitkräften.

Soldaten, auch Berufssoldaten, stehen nicht außerhalb unserer Gesellschaft oder außerhalb des öffentlichen Lebens. Die

Bindungen sind vielfältig. Im Bundestag und in den sechzehn Landtagen, aber auch in tausenden Kommunalparlamenten trifft man gar nicht so selten auf beurlaubte, pensionierte oder aktive Soldaten und Zivilbeschäftigte. In der 21-köpfigen Kieler SPD-Ratsfraktion hatten wir zeitweise gleichzeitig drei Bundeswehrangehörige. Vorsitzender der CDU-Fraktion war damals ein ehemaliger Inspekteur der Marine. Als beim Truppenbesuch in Masar-e Sharif einer der Vertrauensleute nach dem Gespräch noch ein Foto mit mir machen wollte und ich fragte wofür, kam als Antwort: für unsere Ortsvereins-Homepage. Ach so, klar! Das ist keine sozialdemokratische Besonderheit (und vielleicht ist die Verbindung da inzwischen auch wieder etwas schwächer geworden), sondern gilt für die anderen demokratischen Parteien in gleicher Weise. Stabsbootsmann Ingo Gädechens aus Ostholstein oder Oberst i. G. Roderich Kiesewetter aus dem Wahlkreis Aalen-Heidenheim zum Beispiel waren mir im Bundestag äußerst geschätzte CDU-Kollegen.

Es sind so viele engagiert, nicht nur im Berufsverband oder politisch, auch bei den Kirchen und im Sport. Das ist die Bundeswehr der Erwachsenen! Seit 2011 die Wehrpflicht ausgesetzt wurde, steigt das Durchschnittsalter der Freiwilligenarmee kontinuierlich. Ein Drittel aller Dienstposten besetzen inzwischen Berufssoldaten. Zeitsoldaten sind im Schnitt zehn Jahre dabei, und die Zahl der Freiwillig Wehrdienstleistenden (7–23 Monate) bleibt bei der gegenwärtigen Rekrutierungspraxis eine vergleichsweise kleine Restgröße. Es gibt mittlerweile fast genauso viele Offiziere wie Mannschaftssoldaten und noch einmal so viele Unteroffiziere (mit und ohne Portepee) wie Offiziere und Mannschaften zusammen, ganz anders als in der alten großen Wehrpflichtarmee. Offiziere haben in der Regel studiert, die Feldwebel oft eine Meisterausbildung absolviert, von den

Mannschaften haben gar nicht so wenige Abitur. Im Kern ist die Bundeswehr heute eine Armee von Familienvätern und -müttern, auch eine Pendlerarmee, weil der Lebensmittelpunkt der Familie nicht mehr den wechselnden Stationierungsorten des Militärs folgt. An diese Truppe von Staatsbürgern in Uniform denke ich zuerst, wenn ich nach der demokratischen Qualität der Bundeswehr gefragt werde.

Nach den militärischen und ideologischen Schrecken des 20. Jahrhunderts können wir am Anfang des dritten Jahrzehnts im 21. Jahrhundert erleichtert feststellen: Die Bundeswehr ist nicht nur eine Armee, die in unsere Demokratie erfolgreich eingefügt wurde. Sie ist auch eine Armee, in deren Alltag demokratische Prinzipien ganz selbstverständlich geworden sind. Sie ist unsere Armee *für* die Demokratie. Nach all dem, was war, ist das nicht wenig.

2 Populäre Vorurteile

Das Volk herrscht nicht unmittelbar

Wer versucht, Politik zu erklären, indem er einfach sagt, wie es funktioniert, springt zu kurz. Unser politisches Vorverständnis ist nämlich meist schon geprägt von Tausend Klischees und Missverständnissen, die nicht einfach dadurch verschwinden, dass man erfährt, wie zum Beispiel ein Bundesgesetz zustande kommt, was »Konstruktives Misstrauensvotum« bedeutet oder wie nett der örtliche Bundestagsabgeordnete tatsächlich ist, wenn man sich mal mit ihm unterhält. Man muss sich der Vorurteile bewusst werden: Warum ist das Quatsch? Wo kommt das her? Und wozu führt es?

Politik gilt in Deutschland seit alters her als schmutziges Geschäft, jedenfalls als anrüchig. Selbst der Berufspolitiker Otto von Bismarck, jahrzehntelang preußischer Ministerpräsident und Reichskanzler (1871–1890), zog ausgerechnet die Wurstproduktion heran als Vergleich zum Politikmachen: Man dürfe dabei besser nicht zuschauen, wenn einem das Ergebnis schmecken solle. Der Parteien Zwist und Hader, Parteienstreit, parlamentarisches Gezänk und Geschwätz, das sind abwertende Stereotype aus dem Wörterbuch des Antiparlamentarismus. Auf der Gegenseite strahlt das Ideal des weisen Staatsmannes, der mit ruhiger Hand das Staatsschiff lenkt, oder die königliche und kaiserliche Majestät, deren Gottesgnadentum die Quelle aller politischen Legitimation ist. L'état c'est moi, diese absolutistische Anmaßung Ludwig XIV. steht für das monarchische Herrschaftsprinzip, das demokratische Revolutionäre überall umstürzen wollten zugunsten einer Herrschaft des Volkes.

Aber bitte nicht wörtlich nehmen! »Das Volk« herrscht niemals selbst (wer gehört übrigens dazu: Sklaven, Frauen, Arme, Einwanderer, Unter-25-Jährige?), sondern es kann unter verschiedenen Kandidaten für eine Herrschaft auf Zeit auswählen. Oder es wählt ein Parlament, das eine Regierung ins Amt bringt.

In zwei kleinen Kantonen der Schweiz gibt es gegenwärtig noch eine Art Demokratie, wie manche, die es gern wörtlich hätten, sich die Herrschaft des Volkes vielleicht vorstellen oder wie es möglicherweise vor zweieinhalbtausend Jahren auf einigen Marktplätzen im antiken Griechenland zugegangen sein mag. Ich habe so einer »Landsgemeinde« im Kanton Glarus einmal zugeschaut. Sie kommt Anfang Mai jeden Jahres unter freiem Himmel zusammen. Alle Bürgerinnen und Bürger des Kantons sind stimmberechtigt und entscheiden zum Beispiel über Steuersätze, Gebietsreformen oder das Wahlalter (neuerdings ab 16). Die Glarner wählen auf diese Weise auch politische und judikative Funktionsträger – seit 1387. Der Kanton hat 40.000 Einwohner, von denen ein Viertel keine Schweizer Staatsbürger sind. Von den 30.000 Einheimischen dürften gut 25.000 Erwachsene stimmberechtigt sein, und einige Tausend waren im Mai 2013 tatsächlich im »Ring« dabei. Den anderen mochte es egal sein, sie hatten keine Zeit oder vertrauten ihren aktiven Mitbürgern. Drum herum war Volksfest, die Sonne schien.

Deutschland hat 83 Millionen Einwohner, von denen gut 60 Millionen wahlberechtigt sind. Wir wählen Abgeordnete

(Bund, Land, Europa) und Vertreter für die kommunalen Ebenen (Kreis, Gemeinde). Nur in sehr kleinen Gemeinden kann zum Beispiel in Schleswig-Holstein (bei unter 70 Einwohnern) eine Gemeindeversammlung das Dorf direkt verwalten (trotzdem muss natürlich ein Bürgermeister gewählt werden, der die Beschlüsse ausführt). Das betraf vor einigen Jahren 27 von 1100 Gemeinden im Land. Auf Landes- und Kommunalebene gibt es in Deutschland heute fast überall die Möglichkeit, politische Streitfragen per Bürgerentscheid direkt zu klären. Das kostet in jedem einzelnen Fall eine Menge Arbeit, die Abstimmungsbeteiligung ist durchwachsen, und besonders oft wird davon auch gar nicht Gebrauch gemacht. Bürgerentscheide bleiben eine zusätzliche demokratische Einflussmöglichkeit, sie können ein Korrektiv sein. Aber sie ersetzen die indirekte Herrschaftsausübung des Volkes durch gewählte Legislativ- und Exekutivvertreter nicht. Manche gut gemeinte Ausweitung direkt-demokratischer Bürgerrechte wurde übrigens inzwischen mangels Beteiligung auch wieder rückgängig gemacht, so etwa die Direktwahl der Landräte in den elf Landkreisen Schleswig-Holsteins. Jetzt wählen wieder wie früher die Kreistage den Verwaltungschef.

Der großartige Zeichner und Dichter Friedrich Karl Wächter hat einmal einen Cartoon veröffentlicht, in dem ein grinsender junger Mitbürger ein Graffito an die Wand sprüht, das lautet: »Alle Staatsgewalt geht von Volker aus«. Wir dürfen annehmen, dass in diesem Bild Volker der junge Mann selbst ist. Zugespitzt kommt hier eines der zentralen Missverständnisse über die Herrschaft des Volkes auf den Punkt. Der Singular »das Volk« suggeriert, wie die Politikwissenschaftlerin Gesine Schwan warnt, dass es sich um eine »homogene Einheit« handelt. Aber tatsächlich ist das Volk ja groß und bunt und sehr verschieden.

Wer also weiß oder bestimmt, was genau »Volkes Wille« ist? Wenn der Bundestag mit Mehrheit ein Gesetz beschließt, das mir nicht passt, hat das Parlament dann den Volkswillen mit Füßen getreten? Ich bin doch auch das Volk!

In der Familie, in der Schule, in der Firma oder im Verein sind wir durchaus in der Lage zu erkennen, dass es da ständig unterschiedliche Meinungen gibt. Sie mögen falsch sein, weil sie nicht mit unserer eigenen übereinstimmen. Aber ganz offensichtlich ist, dass nicht immer alle unsere Mitmenschen der gleichen wohlerwogenen klugen Auffassung sind wie wir – außer vielleicht in manchen digitalen Filterblasen, aber auch dort können nicht alle das Richtige so gut formulieren wie wir selbst!

Volker, der das Volk ist, von dem alle Staatsgewalt ausgeht, beansprucht aber trotzdem für sich, alles besser zu wissen und besser entscheiden zu können als die Barbaras und Holgers und Anikas und Lasses (die, wenn denn alles mit rechten Dingen zuginge, doch eigentlich immer auch seiner Meinung sein werden). Volker hat den Durchblick, ihm steht die totale Macht zu, er ergreift sie, regiert, diktiert. Und wer seine Wahrheit verleugnet, kommt ins Umerziehungslager. Manche müssen leider auch liquidiert werden, weil es so ganz und gar dumm ist, was sie sagen. Weil sie Volker nicht gehorchen, gehören sie nicht wirklich zum Volk, sondern sind Volksfeinde.

Was so klingt wie aus George Orwells »Farm der Tiere« (1945), kommt der Wirklichkeit des Kommunismus und Stalinismus wie des Faschismus und Nationalsozialismus ziemlich nahe. Es gibt nur eine Wahrheit, nur eine legitime Führung im Namen des Volkes, nur einen Führer. Kollektiv oder Volksgemeinschaft treten an die Stelle von Individuum, Subjektivität und universellen Menschenrechten. »Du bist nichts, Dein Volk ist alles!« hieß eine Parole der Nationalsozialisten. Eine andere: »Ein

Volk, ein Reich, ein Führer!« Viele fanden das ganz einleuchtend. Völkisches Denken war in großen Teilen der deutschen Bevölkerung einmal schrecklich populär. Weil das so war, lautet der erste Satz unserer Verfassung nicht: »Das deutsche Volk ist super und hat immer Recht.«, sondern: »Die Würde des Menschen ist unantastbar.«

Die Menschen in unserem schönen Land sind ganz unterschiedlich, in jeder Beziehung: Sie sind jung und alt, Männer und Frauen, katholisch, evangelisch, muslimisch oder nichts davon, liberal, konservativ, sozialistisch, öko oder verdrossen. Sie haben Kinder oder keine, arbeiten in einer Firma oder im Öffentlichen Dienst, sind selbstständig, beziehen Rente, fahren nie in Urlaub oder dreimal im Jahr, haben eine Lehre gemacht oder studiert, den Abschluss geschafft oder irgendwie nicht. Sie sind verheiratet, leben getrennt, sind verwitwet, hetero- oder homosexuell oder etwas ganz anderes, in der zweiten oder dritten Runde unterwegs mit neuer Patchwork-Familie. Sie leben in einer Villa in Bottrop, im sozialen Wohnungsbau in München, in einem Vorort von Cottbus, unter Reet in Keitum oder im Berliner Altbau. Sie hassen die Gewerkschaft oder sind selbst Mitglied, glauben an die Bielefeld-Verschwörung, wählen Linkspartei, Grüne oder AfD (oder sonst was), lesen Robert-Harris-Romane, spielen Counter-Strike oder hören Wagner-Opern, engagieren sich in einer Bürgerinitiative gegen Rundfunkgebühren oder für mehr Fahrradwege, sind reich, werden erben, haben selbst ein bisschen was auf der hohen Kante oder leben von der Hand in den Mund. Manche lesen und schreiben gutes Deutsch, egal wo sie geboren wurden, andere Deutsche gehören zu den sechs Millionen funktionalen Analphabeten im Land. Manche sind pflegebedürftig, manche von Geburt an körperlich eingeschränkt, andere sammeln als Leistungssportler Medaillen. Und sie alle sind Teil des deutschen Volkes. So ist das Land der Helene-Fischer-Fans und der Helmut-Dietl-Cineasten. Wo immer man hinschaut: vielfältig. Jede Biografie ist anders. Wenn man nicht gleich wieder als volksdeutscher Herrenmensch in Österreich, Tschechien, Polen, Dänemark, Frankreich und Griechenland einmarschieren will (und in Norwegen, Belgien, Holland, Luxemburg, Alt-Jugoslawien, Russland, Weißrussland, Litauen, Lettland, Estland, der Ukraine, Tunesien, Libyen, Ägypten, Italien und Ungarn), dann wäre es ganz schön, das Deutsche nicht nur als natürlichen Antagonismus zu allen anderen Völkern zu begreifen. Seien wir also behutsam mit dem Begriff »das Volk«! Er eignet sich so gut als Kampfbegriff.

Manchmal auch zu den allerbesten Zwecken: »Wir sind das Volk« war 1989 für die Demokratiebewegung in der DDR eine deshalb so ideal geeignete Parole, weil das SED-Regime stets behauptete, für alle Werktätigen, für die Massen, für das ganze Volk zu sprechen. Aber Zehntausende, die gemeinsam etwas anderes sagten, konnten dagegen ganz offensichtlich für sich in Anspruch nehmen, auch ein Teil des Volkes zu sein. Die spätere Verwandlung des Slogans in »Wir sind *ein* Volk« stellte dann die Teilung des Landes infrage und forderte die Wiedervereinigung – nicht als Staatspropaganda, sondern aus der gefährdeten Perspektive von demonstrierenden DDR-Bürgern, die wenige Wochen zuvor noch von ihrer »Volkspolizei« auseinandergetrieben und verhaftet worden waren.

Revolution und Bürgerkrieg

Politik ist Meinungskampf, Kampf um Deutungshoheit, Kampf um Macht. Wenn keine demokratischen Regeln die Formen dieses Kampfes begrenzen, wird er leicht auch gewaltsam ausgetragen. Wer gewinnt, hat recht. Deutschland kennt solche Phasen des Bürgerkrieges, etwa aus den ersten Jahren der noch schwachen Republik, die nach dem Ersten Weltkrieg dem verflossenen Kaiserreich folgte.

Anfang November 1918 lag die Macht gewissermaßen auf der Straße, das Gewaltmonopol der alten Obrigkeit brach zusammen. Im Januar 1919 versuchten dann Kommunisten gegen die sozialdemokratisch kontrollierte Räterepublik zu putschen und die allgemeinen Wahlen zur Verfassungsgebenden Nationalversammlung zu verhindern. Es wurde scharf geschossen, gab regelrechte Gefechte und auf Jahre böses Blut zwischen den diversen verfeindeten Lagern. Auch daran ging am Ende dieser deutsche Demokratieversuch nach nur vierzehn Jahren Praxis zugrunde.

Wie anders siebzig Jahre später, 1989, in der DDR, wo im Oktober und November ebenfalls die Macht auf der Straße lag! Viele befürchteten eine »chinesische Lösung«. Im Juni hatte die KP Chinas in Peking Studentenproteste gewaltsam auflösen lassen, mit Hunderten Toten. Aber es blieb von Leipzig bis Ostberlin die friedlichste Revolution der Welt. »Keine Gewalt!« lautete eine der Demonstrationsparolen. Als dann die Sowjettruppen nicht eingriffen, mehr und mehr Wehrpflichtige der Volksarmee nicht mehr zum Dienst erschienen, Angehörige der Kampfgruppen der Arbeiterklasse ihre Mitgliedsbücher zurückgaben, weil sie nicht in die Lage kommen wollten, auf ihre Kollegen schießen zu müssen, als die bewaffneten Organe schließlich den erlösenden Befehl erhielten: »Übergehen zur Eigensicherung«, war die Sache entschieden. Das Regime hatte die Initiative verloren. Mit der »Diktatur des Proletariats« war kein Staat mehr zu machen. Das Übergangskonzept der »Runden Tische«, einer Art von Vorparlamenten aus Regime- und Oppositionsvertretern, ging voll auf.

Ich erwähne diese Revolutions-, Bürgerkriegs- und Protesterfahrungen der Deutschen deshalb, weil sich viele Mitbürgerinnen und Mitbürger heute gar nicht mehr vorzustellen vermögen, dass politischer Kampf anders aussehen könnte als langatmige Bundestagsdebatten, rechthaberischer Talkshow-Zoff und gruselige Wahlplakate. Um es zugespitzt zu sagen: Wahlkampf, wie wir ihn kennen, ist gewissermaßen pazifizierter Bürgerkrieg. Es geht um die Macht im Land. Gäbe es keinen demokratischen Verfassungsstaat mit starken Institutionen, verfassungstreuen Parteien und langer Erfahrung, könnte es sein, dass geschossen würde, wie anderswo auf der Welt, wenn es um die Macht geht. Oder wie früher bei uns. Und die Warlords, die Typen, die da die Milizen anführen würden, hätten wahrscheinlich wenig Ähnlichkeit mit unseren heutigen Spitzenpolitikern.

Mir scheint es wichtig zu wissen, was man bekommt, wenn die Demokratie weg ist, nie da war oder kaputtgeht: im besten Fall einen aufgeklärten weisen König (den Job würde man vielleicht auch gerne selbst machen?), im schlechteren Fall die eine oder die andere totalitäre Mörderdiktatur. Dass wir das schon hatten und die Welt das schon kennt, schützt nicht vor neuen Katastrophen. Wir können Fehler beliebig oft wiederholen, in neuer Form, mit neuer Ideologie und neuen Leuten: Hey, jede Generation wird doch wohl noch ihre eigenen Erfahrungen machen dürfen! Der Philosoph Peter Sloterdijk schreibt resigniert über das Lernpotenzial von schon geschehenem Unglück: »Die einzige Katastrophe, die jeder versteht, ist die Katastrophe, die keiner überlebt.«

Den großen Unterschied zu den totalitären Ideologien mit ihrem Antiindividualismus und Kollektivwahn stellt das freiheitliche Bild vom selbstbestimmten Menschen und der offenen Gesellschaft dar, das allen Formen der Demokratie notwendig zugrunde liegt. Der zentrale Begriff lautet Pluralismus. Es gibt nicht ein Interesse, sondern viele, nicht eine Meinung, sondern viele, nicht ganz bestimmt nur eine einzige richtige Lösung, sondern vielleicht mehr als eine, nicht den einen von der Vorsehung geschickten großen Anführer, sondern eine Menge Mitmenschen, die sich um die Führung bemühen könnten, Mittelmaß genügt.

Gewiss ist es immer einfacher, alle Machtverhältnisse, denen wir unterliegen, als gegeben hinzunehmen und keinerlei Mitverantwortung dafür tragen zu müssen. Das geht auch im demokratischen Staat. Aber da Demokratie sich nur durch permanenten Gebrauch erhalten lässt (wenn niemand kandidiert, niemand wählt, niemand abstimmt, ist es zu Ende), sollten wir selbst uns ein Stück weit mitverantwortlich fühlen und jedem entgegentreten, der Demokratie und Demokraten verächtlich macht.

Intellektuelle Demokratiekritik

Von einem der amerikanischen Verfassungsväter, Benjamin Franklin, ist der schöne Satz überliefert, es gäbe keine Unehrenhaftigkeit, die ansonsten anständige Leute leichter und häufiger begehen, als die Beleidigung der von ihnen selbst bestimmten Regierung. Und die *Frankfurter Allgemeine Zeitung* schrieb zweihundert Jahre später: »Noch der Niedrigste im Land hat wenigstens einen unter sich: den Bundeskanzler.«

Über den Typus des gewählten »Fach- und Berufspolitikers« urteilte 1918 der spätere Literaturnobelpreisträger Thomas Mann in seinen »Betrachtungen eines Unpolitischen«: »Das ist ein niedriges und korruptes Wesen, das in geistiger Sphäre eine Rolle zu spielen keineswegs geschaffen ist.« Und: »Ich will nicht die Parlaments- und Parteiwirtschaft, welche die Verpestung des gesamten nationalen Lebens mit Politik bewirkt.« Sondern: »Ich will Sachlichkeit, Ordnung, Anstand. Wenn das philisterhaft ist, so will ich ein Philister sein.« Bei dieser hochmütigen, elitären Haltung blieb Mann im weiteren Verlauf seines Lebenswegs glücklicherweise nicht. Vom amerikanischen Exil aus unterstützte er die Opposition gegen Hitler.

Der Politikwissenschaftler Ernst Fraenkel schrieb 1964 (»Deutschland und die westlichen Demokratien«) über die neue westdeutsche Bundesrepublik: »Das kritikwürdigste Moment des Bonner Parlamentarismus scheint mir die landläufige Kritik zu sein, die daran geübt wird. Sie ist reaktionär und schizophren. Sie sehnt sich heimlich nach einer starken Regierung und bekennt sich öffentlich zu der Herrschaft eines allmächtigen Parlaments. Sie beschimpft den Abgeordneten, wenn es zu einer Regierungskrise kommt, und verhöhnt ihn, wenn er getreulich die Fraktionsparole befolgt. Sie verkennt die notwendigerweise repräsentative Natur eines jeden Parlamentarismus und verfälscht seinen Charakter, indem sie ihn plebiszitär zu interpretieren versucht.«

Dabei sind die klassischen Elemente der direkten Demokratie nicht einfach aus dem politischen Willensbildungsprozess verschwunden. Jederzeitiges Abstimmen über jede Fachfrage immer wieder neu zu verlangen und mit Mehrheit durchzusetzen, ist das Recht jedes Mitglieds in einer demokratischen Partei. Das beginnt auf der Mitgliederversammlung des SPD-Ortsvereins oder CDU-Ortsverbands, wo jeder anwesende Parteibürger das gleiche Stimmrecht ausübt, und geht über die Kreis- oder Unterbezirksebene, über Bezirks- und Landesdelegiertenkonferenzen bis hin zum Parteitag auf Bundesebene. Dort sind stets Hunderte von Anliegen abschließend zu bescheiden. Im Erfolgsfall werden sie zur Wahlkampfforderung oder zur Koalitionspolitik der jeweiligen Partei. Der langjährige Bundesverfassungsrichter Gerhard Leibholz nannte in einer berühmten Formulierung (1958) unsere Parteiendemokratie eine rationalisierte Erscheinungsform der plebiszitären Demokratie – »ein Surrogat der direkten Demokratie im modernen Flächenstaat«.

Dem hält der Philosoph Karl Jaspers entgegen: »Der Staat, das sind die Parteien. Die Staatsführung liegt in den Händen der Parteienoligarchie. Sie usurpiert den Staat.« (»Wohin treibt die Bundesrepublik?« 1966) Und Hans-Magnus Enzensberger, der später auch ganz anderes schrieb, klagte zuzeiten der ersten Großen Koalition in Bonn (1966–1969): »Der konstitutionelle Souverän, das Volk, ist nicht mehr in der Lage, das regierende Parteienkartell zu beseitigen.«

Solcher Kritik der 68er Bewegung, die sich nach und nach in den Institutionen der Republik einrichtete, begegneten Politikwissenschaftler wie Kurt Sontheimer oder Ulrich von Alemann etwas ungnädig, aber überzeugend. Sontheimer schrieb 1989: »Das Elend unserer Intellektuellen [ist], dass sie diese unbestreitbare globale Wahrheit über die Bundesrepublik partout nicht erkennen wollen oder für gering erachten [...], dass die Bundesrepublik im internationalen Vergleich und auch unter den westlichen Demokratien gut dasteht.«

Und Alemann schrieb 1996 über die Krise der Parteien, die periodisch beschworen werde: »In den Fünfzigern die Krise der Parteien in Adenauers Kanzlerdemokratie, die gegen den Alten nicht aufmucken durften, in den Sechzigern die Krise der Großen Koalition, die die APO hervorrief, in den Siebzigern die Legitimationskrise, ausgerufen von den 68ern, in den Achtzigern die Krisen der Altparteien, verursacht von den Grünen und neuen sozialen Bewegungen. Warum sollten wir denn in den Neunzigern keine Krise der Parteien haben?«

Selbst wenn das alles wissenschaftlich nachvollziehbar geklärt wäre, bleiben noch viele mögliche Missverständnisse. In seinem Buch »Faul, korrupt und machtbesessen? Warum Politiker besser sind als ihr Ruf« (2008) schreibt der Journalist Nikolaus Blome: »Der Wähler verlangt hochprofessionelle Arbeit im Parlament, aber er verachtet ›Berufspolitiker‹. Er will, dass ›sein‹ Abgeordneter seine Interessen durchsetzt, aber er hält ›Machtpolitik‹ für ein schmutziges Geschäft. Er will Reformen, aber keine, die sein Leben nennenswert verändern. Er will, dass nicht alles öffentlich zerredet wird, aber wittert überall Verschwörung und Hinterlist. Er möchte die Besten der Besten im Parlament sehen, aber nicht entsprechend bezahlen. [...] Und am schlimmsten wird es, wenn der Wähler erst nicht wählen geht und dann unzufrieden ist mit der Politik, die (auch ohne sein Votum) natürlich gemacht wird, gemacht werden muss.«

Antidemokratische Einstellungsmuster

Eigentlich beinahe jedes Jahr könnte das Wort Politikverdrossenheit zum Wort des Jahres gewählt werden. Da diese Ehre aber jeweils nur einmal vergeben wird, ist die Feier längst vorbei: 1992 gewann »Politikverdrossenheit«. (Unwort des Jahres war damals übrigens »ethnische Säuberung«, das hatte mit den Bürgerkriegen auf dem Westbalkan zu tun.) Im selben Jahr schrieb der Wirtschaftsphilosoph Lothar Czayka im *Spiegel*, aufzuräumen sei »mit der weit verbreiteten falschen Vorstellung, die vom Volk gewählten Mandatsträger könnten den Auftrag erhalten, sich bei ihren politischen Entscheidungen am ›Allgemeinwohl‹ zu orientieren. Denn in einem objektiven Sinne gibt es das überhaupt nicht.« Wer aber räumt damit auf?

In einer anderen Verdrossenheitsperiode schrieb die *Frankfurter Allgemeine Zeitung* einmal über die Maßlosigkeit des Publikums: »Jede Forderung ist aus sich heraus berechtigt – nur die unfähige Politik verwirklicht sie nicht. Jeder Anspruch ist angemessen – nur die Politik befriedigt ihn nicht. [...] Alles wäre gut – wäre nur, ach, die Politik nicht so schlecht!«

Der frühere Bundestagspräsident Wolfgang Thierse, ein Literaturwissenschaftler aus dem Ostteil des vereinten Deutschland, kritisiert nicht ganz zu Unrecht auch die Medien für populäre Fehlwahrnehmungen, etwa durch eine »Skandalisierung des Streits«. Tatsächlich sei dieser aber »das Wesen der Demokratie«, eine »alltägliche und unausweichliche Normalität«. Und bei anderer Gelegenheit spitzt er noch einmal zu: Die Demokratie sei genau nicht als Mechanismus zur Vermeidung von Streit zu verstehen. Streit und Kompromiss haben keinen leichten Stand gegen Geschlossenheit und klare Kante. Sachzwänge sind offenbar leichter zu akzeptieren als demokratische Mehrheitsentscheidungen nach Verhandlung und Kompromiss. Allemal besser als den leidigen Parteienstreit finden viele Mitbürger starke Männer, einsame Entschlüsse und Machtworte. Der schon zitierte Rechtsphilosoph und Justizminister in der Weimarer Republik Gustav Radbruch nennt den Kult der »Überparteilichkeit« eine »Lebenslüge des Obrigkeitsstaates«.

Büttenredner brachten dieses Ressentiment gegen Parlament und Parteien im Karneval des Dritten Reichs so auf den Punkt: »Fürwahr solches Trockenlegen/ wär auch für deutsches Land ein Segen/wenn ausgetrocknet bis zum Stumpf/der giftige Parteiensumpf.« Thomas Schmid hat 2021 in der Tageszeitung *Die Welt* daran erinnert.

In manchen verdrossenen, politikverachtenden und antidemokratischen Haltungen klingt auch heute nicht selten ein drohender Unterton mit. Und wenn Sozialforscher auf die eine oder andere Weise nach politischen Einstellungsmustern fragen, bekommen sie seit der aufsehenerregenden Sinus-Studie von 1981 immer wieder Beunruhigendes zu hören. Damals fanden die Aussage »Gäbe es bei uns wieder Arbeitslager, kämen Zucht und Ordnung von allein« 8 Prozent der Befragten völlig richtig und 20 Prozent teilweise richtig. Und zu der Aussage »Wir sollten wieder eine einzige starke Partei haben, die wirklich die Interessen aller Schichten unseres Volkes vertritt« 11 Prozent völlig richtig und 17 Prozent teilweise richtig. Die Autoren kamen zu dem Ergebnis, 13 Prozent aller Wähler in der (westdeutschen) Bundesrepublik verfügten über ein abgeschlossenes rechtsextremes Weltbild.

Solche Umfragen werden inzwischen ziemlich regelmäßig durchgeführt, und die Ergebnisse bleiben beunruhigend, nicht nur, weil inzwischen auch rechtsextreme und rechtspopulistische Parteien wie Republikaner, DVU, NPD oder AfD mit den Stimmen dieser Wähler in deutsche Länderparlamente und neuerdings auch in den Deutschen Bundestag einziehen.

2005 sagten 90 Prozent der repräsentativ befragten 12- bis 20-jährigen Kinder und Jugendlichen im Land Brandenburg von sich selbst, sie seien »politikverdrossen«. Wer redet das dem Nachwuchs ein?

Eine deutschlandweite Umfrage der Uni Leipzig brachte 2006 noch etwas unerfreulichere Ergebnisse als die 1981er Sinus-Studie im Westen. Dem Statement »Was Deutschland jetzt braucht, ist eine einzige starke Partei, die die Volksgemeinschaft insgesamt verkörpert« stimmten 26 Prozent zu, jeder vierte Erwachsene. »Wir sollten einen Führer haben, der Deutschland zum Wohle aller mit starker Hand regiert«: 15 Prozent. »Auch heute noch ist der Einfluss der Juden zu groß«: 18 Prozent, bundesweit. Von den ostdeutschen Befragten waren übrigens drei Viertel nicht der Meinung, dass die Demokratie zufriedenstellend funktioniere, womit sie angesichts solcher Umfrageergebnisse in gewisser Weise sehr recht hatten.

Der Dresdner Politikwissenschaftler Werner Patzelt dagegen hatte schon 2001 einmal gefragt, was die Bürgerinnen und Bürger eigentlich über die Funktionsweise ihrer Demokratie selbst wissen. Auch diese Ergebnisse machten nicht froh: 50 Prozent der Bevölkerung glauben, von Gewaltenteilung schon etwas gehört zu haben. Was Föderalismus ist, wissen 59 Prozent nicht zu sagen, vom Rest machen 14 Prozent falsche Angaben. 40 Prozent können nichts oder nur Unrichtiges über den Bundesrat äußern. 60 Prozent sagen, dass sie über die Arbeitsweise des Bundestages nichts oder zu wenig erführen. Ganze 30 Prozent wissen, dass es die zentrale Aufgabe der regierungstragenden Fraktionen ist, die Regierung gemäß parlamentarischem Mehrheitswillen auf Kurs und insgesamt im Amt zu halten. Ebenfalls nur 30 Prozent kennen die Rolle der Opposition, wohingegen zwei Drittel meinen, dass ihr die Aufgabe zukomme, der Regierung zu helfen. Den Patzelt-Aufsatz zu diesen Ergebnissen überschrieb die Wochenzeitung *Die Zeit* mit dem Satz: »Verdrossen sind die Ahnungslosen«. Das fand ich damals eine witzige Zusammenfassung. Aber natürlich gibt es durchaus berechtigte, gut begründete Kritik, auch Fundamentalkritik am bundesrepublikanischen Politikbetrieb. Und zwar reichlich. Dazu mehr in Kapitel 5.

Verdrossenheits-ABC

Über beliebte Vorurteile gegenüber der Politik habe ich vor zehn Jahren einmal eine Serie von Kurzkolumnen unter dem Titel »Kleines Lexikon der Verdrossenheits-Folklore« veröffentlicht. Das Meiste davon ist zeitlos aktuell. Hier elf Stichworte.

Absahner: Reich werden zu wollen – das vermuten manche Mitbürger als Motiv bei denen, die sich zur Wahl für öffentliche Ämter stellen. Und tatsächlich werden die gewählten Repräsentanten im Bund und in den meisten Ländern für eine politische Vollzeittätigkeit mit einer Art Gehalt, das normal zu versteuern ist, bezahlt. Bundestagsabgeordnete bekommen in etwa so viel Bundesrichter, monatlich 10.000 Euro. Geschäftsführer von GmbHs verdienen im Durchschnitt doppelt so viel. Wer Chef einer Kreissparkasse ist, kassiert mehr als die Bundeskanzlerin, die auf ein Monatsgehalt von 35.000 Euro kommt, von den Lenkern deutscher DAX-Unternehmen nicht zu reden. Für jeden Einzelnen der 709 MdBs gibt jeder Deutsche übers Jahr etwas mehr als 0,1 Cent aus.

Berufspolitiker: Politik ist kein Beruf wie jeder andere. Abgeordneter, Bürgermeisterin oder Ministerpräsident ist ein Beruf auf Zeit, durch Wahltermine begrenzt, nur durch Wahl zu erlangen. Eine Lehre für Volksvertreter gibt es nicht – nur die Universität des Lebens und Training *on the Job*. Im Durchschnitt kleben Bundestagsabgeordnete keineswegs am Sessel, sondern sind nach zehn Jahren wieder draußen. Jede Bewerberin und jeder Bewerber sollte deshalb berufliche Alternativen haben, falls es mit der Wahl nicht klappt. Und das ist auch meist der Fall. 2017 kandidierten 4.828 Deutsche für ein Mandat im Bundestag, nur jeder Siebente wurde gewählt.

Charakter: Politik verdirbt den Charakter, das ist allgemein bekannt. Gelten deshalb große politische Figuren unserer demokratischen Geschichte wie Friedrich Ebert oder Gustav Stresemann, Richard von Weizsäcker oder Rita Süssmuth als nichtswürdige Charaktermasken? Nein? Dann verdirbt also das bekanntermaßen schmutzige Geschäft der Politik nur den Charakter mancher Leute? So wird es sein. Apropos Geschäft: Auch Menschen, die im Wirtschaftsleben Verantwortung tragen, wirken auf Außenstehende manchmal ein bisschen – seltsam. Vorsicht: Reichtum macht unglücklich! Sollten deshalb anständige Leute lieber ihre Hände in Unschuld waschen und die Finger von der Politik lassen, damit sie nicht schmutzig werden? Wollen wir wirklich unseren alten Kaiser Wilhelm wiederhaben?

Fraktionszwang: Aus der Geschichte des englischen Parlamentarismus kennen wir den Peitschenschwinger, den Whip, der seine Parteikollegen im Plenum zusammenhält wie der Hütehund die Schafherde. Geschlossenheit ist tatsächlich nicht egal. Allein setzt kein Abgeordneter etwas durch. Wer in Abstimmungen die Mehrheit haben will, muss mit anderen – und zuallererst mit den eigenen Leuten – gemeinsame Sache machen. Unterschiedliche Abgeordnete kümmern sich schwerpunktmäßig um unterschiedliche Themen, keiner ist überall Experte. Man teilt die Arbeit und muss immer auch auf die Vernünftigkeit der anderen bauen. Allerdings kann kein Whip und kein Kanzler Geschlossenheit erzwingen. Artikel 38 des Grundgesetzes sagt, dass Abgeordnete »an Aufträge und Weisungen nicht gebunden« sind. Deshalb ist »Zwang« das falsche Wort und »Fraktionsdisziplin« das richtige. Jeder Abgeordnete kann abstimmen, wie er mag – aber er sollte den Fraktionskollegen vorher Bescheid sagen, wenn er nicht mit ihnen stimmen will. Das kommt nicht selten vor. Zwischen Freiheit und Geschlossenheit besteht ein Spannungsverhältnis, das nur jeder für sich in seinem Gewissen auflösen kann.

Gemeinwohl: In bester Absicht wird dieser scheinbar eindeutige politische Begriff allzu oft missverstanden. Es gibt kein wissenschaftlich ermittelbares Gemeinwohl, das sich ganz von selbst »aus der Sache« ergibt und eben nur erkannt und umgesetzt werden muss. Für eine gemeinwohlorientierte Politik kann es ganz unterschiedliche Konzepte geben. Konkurrierende Parteien sollten sich deshalb nicht gegenseitig absprechen, daran zu arbeiten. Gemeinwohl ist, was der Philosoph Jürgen Habermas wohl eine »regulative Idee« nennen würde: Sich am Gemeinwohl statt allein an Partikularinteressen zu orientieren, heißt Politik so zu machen, dass mit den Ergebnissen möglichst alle zurechtkommen können.

Handeln statt Reden: Dass Handeln besser sei als Reden, die Tat allemal nützlicher als der Gedanke, den Knoten durchzuschlagen ehrenvoller, als ihn aufzulösen, das steckt tief im kollektiven Unterbewusstsein. Diktatoren kommt diese Wertepräferenz naturgemäß entgegen. Für das demokratisch verfasste Gemeinwesen hingegen gilt: erst reden! Deshalb heißen die Parlamente so: »Parler« bedeutet reden. Im Für und Wider der politischen Debatte bilden sich Meinungen und Mehrheiten – und damit die Legitimation für parlamentarische Entscheidungen. Diese umzusetzen, also »zu handeln«, ist dann Aufgabe der ausführenden Gewalt, die deshalb auch so heißt: Exekutive. Kein Abgeordneter baut selbst eine Straße oder pflanzt Sonnenkollektoren auf die Dächer. Aber er beschließt darüber, ob mit dem Geld der Steuerzahler gebaut oder gepflanzt wird. Und jede Bürgerin, jeder Bürger, dem oder der eine Mehrheitsentscheidung nicht zusagt, hat das Recht, weiter öffentlich dagegen anzureden oder Gerichte anzurufen.

Kleiner Mann auf der Straße: Kleine Leute auf der einen Seite und Hohe Tiere auf der anderen – bittere Erfahrung von starrer gesellschaftlicher Ungleichheit steckt in solchen Bildern. Wer so über sich selbst redete, protestierte auf ganz bescheidene Weise gegen das Kleingemacht-Werden. Hans Falladas Roman »Kleiner Mann, was nun?« von 1932 beschreibt diese Zustände und ihre Zeit. Der Kampf dafür, dass Menschen aus kleinen Verhältnissen alles aus sich machen, überall mitbestimmen können, ist wahrlich noch nicht zu Ende. Wer heute aus gutem Grund mehr Selbstbestimmung, mehr Chancen, mehr Gleichheit, mehr Teilhabe für alle verwirklichen will, muss aber auch darauf achten, dass Menschen sich nicht – aus alter Gewohnheit – selbst kleinmachen oder einreden lassen, sie seien »klein«.

Leerer Plenarsaal: Das bekannteste Bild von der Arbeit im Bundestag ist der riesige Plenarsaal. Meist ist dieser Saal nicht voll. Nicht 700, sondern vielleicht 50 Abgeordnete folgen einer Fachdebatte: Die anderen sind »faul«, das heißt: Sie lesen Akten, sprechen mit Wissenschaftlern, Beamten und Journalisten oder bereiten mit Kollegen Anträge vor – in ihren Büros oder in einem der hundert Sitzungsräume rund um das Plenum. Diese Arbeit sieht man nicht im Fernsehen, ebenso wenig wie die Ausschuss-, AG- und Fraktionssitzungen, die alle in eine Sitzungswoche passen müssen, wenn die Abgeordneten aus den 299 Wahlkreisen in Berlin zusammenkommen. Bei »großen« Debatten von Kanzlerwahl bis Euro-Rettung sind dann allerdings alle im Plenum. Jedes Arbeitsparlament in London, Paris oder Washington ist mal voller und mal leerer. Aber die Berliner Luftigkeit hat noch einen anderen, besonderen Grund: Hier soll sogar Platz sein für die 1.200 bis 1.400 Mitglieder der Bundesversammlung, die alle fünf Jahre den Bundespräsidenten wählt.

Politik: In den Kämpfen um die politische Deutungshoheit hat es in den letzten Jahrzehnten eine bemerkenswerte Verschiebung gegeben. Ging es zuzeiten des Kalten Krieges um die richtige Balance zwischen »Staat« und »Markt«, so verschwindet jetzt der Begriff des Staates mehr und mehr aus diesem Gegensatzpaar und wird ersetzt durch den viel besser zu diskreditierenden Kollektivsingular »die Politik«. Diese Sprachverschiebung ist ein Nebenaspekt des Siegeszugs ökonomistischen Denkens in allen Lebensbereichen. Der Politik kann leichter das Recht abgesprochen werden, der Ökonomie Grenzen zu setzen, als dem Staat, der immer noch über ein ganz passables Image verfügt. Deshalb Vorsicht! »Die Politik« ist sehr verschieden – das sind völkische Reden im Parlament genauso wie ein schwarz-grüner Koalitionsvertrag.

Wahlversprechen: Man kann die politische Messlatte mühelos so hoch legen, dass man sie garantiert immer reißt. So ein höher gelegter Messlattenbegriff ist »Wahlversprechen«. Ein Ehrenwort: Wer etwas verspricht, muss es halten. Da die Einlösung aber in der Zukunft liegt, wirbt die Rhetorik des Versprechens um Glauben und Vertrauen jetzt. Wählt mich, dann tue ich, was ich versprochen habe! Solche Kommunikation kann aber in der komplexen Praxis von Koalitionen in Parlamenten und einer sich beständig wandelnden Welt nur scheitern. Um jedenfalls einen Teil seines Programms zu verwirklichen, macht man in Wirklichkeit Kompromisse. »Alles oder nichts« wird selten gespielt. Also besser keine »Versprechungen«! (Außer wirklich persönlichen Sachen wie: Ich werde mir den Bart abrasieren, wenn wir gewinnen.) Was in Wahlprogrammen steht, sind Vorhaben, ist politischer Wille, kein Versprechen, das schon das Ergebnis vorwegnimmt. Nicht »wir werden«, sondern »wir wollen« lautet die einfache Alternative.

Wut: Es gibt tatsächlich eine wissenschaftliche Studie, nach der Bürger in der Zeitung eher dem subjektiven Meinen und Dafürhalten dort zitierter Mitbürger glauben als einer im gleichen Zusammenhang verwendeten Statistik. Emotion schlägt Information – nicht ständig, aber oft. Deshalb ist eines der wirksamsten politischen Argumente die emotionale Selbstauskunft: »Ich bin so wütend!«, »Ich bin echt betroffen!«, »Das macht mich nur noch traurig!« Nicht jeder mag diesen bauchorientierten Debattierstil. Er ist in unterschiedlichen Parteien und Milieus unterschiedlich stark zu Hause, scheint insgesamt aber auf dem Vormarsch zu sein. Interessant war etwa bei der großen Bahnhofskrise in Stuttgart, dass am Ende auch ein Volksentscheid nicht allen »Wutbürgern« als Legitimation fürs Weiterbauen ausreichte. Ihnen gilt eine Entscheidung nur dann als demokratisch, wenn sie diese selbst gutheißen. Das aber ist nicht demokratisch, sondern – traurig.

Verwahrlosung im politischen Betrieb

Politik- und Politikerverachtung gehören hierzulande allzu oft zum guten Ton. Es ist nicht peinlich, so zu reden, sondern normal. Selbst Abgeordnete benutzen gedankenlos oder bewusst mit ziemlicher Regelmäßigkeit die Klischees der Politikverächter.

Beinahe klassisch geworden ist ein »Fürstenspiegel für Abgeordnete«, den der spätere Direktor beim Deutschen Bundestag, Wolfgang Zeh, 1992 in der *Frankfurter Allgemeinen Zeitung* veröffentlichte. Seine Ratschläge in Kurzform:

Sagt nicht, es sei ja »nur parteipolitisch«, was der politische Gegner vorbringt!

Schlagt niemals vor, man möge ein bestimmtes Thema »aus dem Wahlkampf heraushalten«!

Lasst euch in einer Bundestagsdebatte nicht dazu hinreißen, Zwischenrufe der gegnerischen Fraktion mit der Bemerkung zu quittieren, deren fehlenden Ernst in dieser Angelegenheit erkenne man ja schon an ihrer geringen Präsenz im Plenarsaal!

Zu warnen ist auch davor, den politischen Gegner dauernd als »tief zerstritten«, »führungslos« und »handlungsunfähig« zu bezeichnen!

Hört auf damit, jede Entscheidung des Bundesverfassungsgerichts als »schallende Ohrfeige« für die im Rechtsstreit unterlegene Seite zu bezeichnen!

Missbraucht die Befürchtung, etwas »fördere die Politikverdrossenheit«, nicht in der politischen Auseinandersetzung!

Klagt nicht über den Verlust eurer »Glaubwürdigkeit«! Das ist der sicherste Weg, sie zu verspielen.

Erzählt auch nicht zu oft die alte Sage, »früher« sei es im Bundestag viel besser gewesen, es habe gewaltigere Redner, bedeutendere Persönlichkeiten und knorrigere Charaktere gegeben! Es ist nur eine Alterserscheinung, so zu reden.

Zum Schluss: Argumentiert und werbt ein wenig in der Öffentlichkeit für eine verständige und verstehbare Darstellung der Grundlagen und Bedingungen unseres politischen Lebens!

Diese liebevollen Ratschläge des Parlamentsjuristen Zeh sind bisher leider noch nicht von einer aufgeklärten Selbstverbesserung unseres parlamentarischen Alltagsbetriebs überholt. Sie bleiben aktuell. So wie die Demokratie von Voraussetzungen lebt, die sie selbst nicht schaffen kann (sondern Familie, Schule, Medien, Vereine), so trägt der politische Betrieb allzu oft selbst dazu bei, populäre Verdrossenheitsstereotype quasi amtlich zu beglaubigen. Die Bösen sind immer die Anderen.

Wenn die Vorurteile verschwinden sollen, müssen aber die Vorbilder stimmen. Der Willensbildungsprozess nach demokratischen Prinzipien wie »Regierungsmehrheit« und »Opposition« oder »Streit« und »Kompromiss«, der den Alltag unserer parlamentarischen Praxis prägt, muss als gewollter Normalfall sichtbarer werden.

Demokratie vererbt sich nicht. Sie ist nicht vor aller Erfahrung von alleine da, sondern muss von jeder Generation neu gelernt, eingeübt und selbst gelebt werden. Unsere Demokratie ist nicht vom Himmel gefallen, sie wurde erkämpft. Sie kann auch wieder verloren gehen. Die Vernachlässigung und Verwahrlosung des politischen Bewusstseins dafür, dass Demokratie Pflege braucht, dass sie Liebe, Mühe und Arbeit erfordert, hat zu einer Situation geführt, in der jetzt vielleicht zusätzliche Anstrengungen nötig sind: in der Schule, in der politischen Bildung, in den Medien und selbstverständlich auch im politischen Betrieb selbst.

Sonst kann es so kommen, wie der Philosoph Karl Popper, der als Kind jüdischer Eltern 1937 ins neuseeländische Exil emigrierte, nach dem Zusammenbruch des kommunistischen Ostblocks 1992 im Gespräch mit dem Nachrichtenmagazin *Der Spiegel* sagte: »Man weiß nicht, was die Zukunft bringt. Es gibt eine Paradoxie im Wohlergehen der Menschheit: Das Wohlergehen der Menschheit beruht auf einer wirklichen Wachsamkeit gegen eine Menge Gefahren. Aber das Wohlergehen vernichtet auch die Wachsamkeit. Die Freiheit wird leicht zu etwas Selbstverständlichem. Das bedeutet dann, dass man eben wieder einem Diktator zum Opfer fällt.«

3 Wie es anderswo ist

Spielarten der Mehrheitswahl

Dass Demokratie sehr unterschiedlich buchstabiert werden kann, zeigen nicht zuletzt immer wieder die Präsidentenwahlen in den USA. Da können Kandidaten wie Al Gore oder Hillary Clinton amerikaweit mehr Stimmen bekommen als ihr jeweiliger Gegenkandidat, aber dieser gewinnt trotzdem rechtmäßig die Wahl: 2002 George W. Bush und 2016 Donald Trump. Denn nicht das »Popular Vote« ist am Ende ausschlaggebend, sondern das »Electoral Vote«: die Mehrheit der in den fünfzig US-Bundesstaaten sowie der Hauptstadt gewonnenen Wahlmänner. Da diese Spielregel allen Teilnehmern am Wettbewerb von Vornherein klar ist, auch den Wählerinnen und Wählern, hält sich der Unmut über das »unfaire« Wahlsystem nach solchen kuriosen Ergebnissen durchaus in Grenzen. Der unterlegene Stimmenkönig hätte eben in einigen knapp verlorenen Staaten besser seine Anhänger mobilisieren müssen!

Das »The-winner-takes-it-all«-Prinzip ist in der angelsächsischen Welt anders als bei uns nicht besonders erklärungsbedürftig. In Großbritannien wie in den USA gilt ein ziemlich lupenreines Mehrheitswahlrecht für die Parlamente. Wer seinen Wahlkreis gewinnt, sitzt im »House«. Wer nicht gewinnt, nicht.

Sogenannte Listenmandate, die nach dem Verhältnis aller auf die Parteien entfallenen Stimmen vergeben werden, gibt es nicht, auch keinen zweiten Wahlgang. Für Abgeordnetenhauswahlen ist das ein denkbar einfach auszuzählendes und zu verstehendes System. Im Fall der US-Präsidentenwahlen war das einzelstaatenbezogene Mehrheitswahlrecht aus dem Postkutschenzeitalter allerdings um 1800 gewiss plausibler, als es im 21. Jahrhundert ist. Doch noch funktioniert es, auch wenn die Erfolgswahrscheinlichkeit der einzelnen Stimmen (»one man, one vote«), wie das deutsche Bundesverfassungsgericht argumentieren würde, sehr ungleich verteilt sein kann. Jede zusätzliche Stimme für Joe Biden in New York oder im Hauptstadtbezirk Washington D.C. machte politisch keinen Unterschied mehr, egal wie hoch er gewinnen würde, es gäbe immer nur die gleichen neunundzwanzig beziehungsweise drei Wahlmänner. Und auch diese sind nicht proportional nach Bevölkerungszahl auf die Bundesstaaten verteilt. In Kalifornien kommt ein Wahlmann auf 600.000 Einwohner, im Staat Vermont einer auf 200.000.

Das ist keine exklusiv amerikanische Unwucht. In unserem Bundesrat etwa verfügt das große Nordrhein-Westfalen mit seinen 18 Millionen Einwohnern über sechs, das kleine Land Bremen mit 700.000 Einwohnern über drei Sitze. Diese gewollte Ungleichheit im Legislativorgan der Länder auf Bundesebene ist Ausdruck des Willens zum Föderalismus (statt Zentralismus), man kann auch sagen: zur regionalen Vielfalt. Wenn man die rot und blau gefärbte Landkarte der Vereinigten Staaten in den Tagen nach einer Präsidentenwahl im Fernsehen gezeigt bekommt, kann es schon sein, dass Blau (Biden) relativ hoch gewonnen hat, aber Rot (Trump) über weite, dünn besiedelte Teile des Landes die Karte dominiert.

Das Besondere an der Präsidentenwahl im November 2020 war also wieder einmal nicht das allseits beargwöhnte Wahlmännersystem aus der demokratiehistorischen Steinzeit, sondern die wochenlange Weigerung des amtierenden Präsidenten Donald Trump, seine Niederlage gegen den »President Elect« Biden öffentlich einzugestehen, wie es sich unter Demokraten gehört.

Das Mehrheitswahlrecht gibt es weltweit aber natürlich in durchaus mannigfachen Varianten. Denn dass Kandidat A mit 23 Prozent gegen B mit 22, C mit 20, D mit 18 und E mit 17 Prozent das Rennen macht, kann auch total am Willen einer Dreiviertelmehrheit der Wahlkreisbürger vorbeigehen, die jeden Kandidaten lieber als A im Parlament sitzen sehen wollen. Dafür gibt es in Frankreich dann einen zweiten Wahlgang. Und auch bei deutschen Oberbürgermeisterwahlen ist das so: Gewinnt kein Bewerber im ersten Anlauf die absolute Mehrheit, entscheidet zwei Wochen später ein zweiter Wahlgang. Und so wählt Frankreich auch seinen Präsidenten. Das führt dann übrigens zu einem sehr viel stärker ausdifferenzierten Parteiensystem als in den USA, weil auch Bewerber kleinerer Parteien die Chance haben, hier und da in die Stichwahl zu kommen.

Noch »gerechter« ist das Wahlsystem am äußersten anderen Ende der Welt. Die Seite *Go Australia* für potenzielle Auswanderer schreibt, das Wahlrecht dort sei für einen Neuankömmling nicht leicht zu verstehen. Aber hier wird es erklärt: »Es herrscht Wahlpflicht [...]. Die Abgeordneten werden nach einem Mehrheitswahlrecht mit der für Australien besonderen Variante des Präferenzwahlsystems [...] gewählt. [...] Das Grundprinzip des Präferenzwahlverfahrens ist, dass man alle Bewerber durchnummeriert. Anstatt nur für eine Person zu stimmen, gibt man an, welche Person am liebsten den Wahlbezirk repräsentieren sollte, welche am zweitliebsten, welche am drittliebsten [...]. Jeder Wähler kann also auf dem Stimmzettel einen Kandidaten auf Platz 1 setzen, einen auf Platz 2 und so weiter.« Wenn ein Kandidat mehr als 50 Prozent der Platz-1-Stimmen bekommen hat, ist er gewählt. Hat keiner mehr als 50 Prozent, wird zunächst der Letztplatzierte von der Liste gestrichen. Die Platz-2-Stimmen auf seinen Wahlzetteln gehen an die verbliebenen Bewerber. Kommt damit einer von ihnen auf 50 Prozent, so hat er gewonnen. Wenn nicht, wird der Zweitletzte gestrichen und seine Platz-2-Stimmen gehen an die Übriggebliebenen. Genügt das noch nicht, geht dieses Verfahren solange weiter, bis einer die absolute Mehrheit erreicht.

Das klingt nach einem ausgeklügelten Gesellschaftsspiel – und richtig: Demokratie ist wie ein Spiel nach Regeln, die vorher feststehen. Nur dass es eben kein Spiel ist, sondern eine Methode, um zuverlässig und nachvollziehbar die Machtverhältnisse im Staat zu klären. Es sei denn, es kommt zu Koalitionsbildungen. Dann stellt das Wahlergebnis erst die Ausgangslage für ein neues Spiel dar: Bündnisverhandlungen. So kann zum Beispiel auch die Partei, die Zweiter geworden ist, mit der Partei auf Platz 3 gemeinsam eine Regierungsmehrheit bilden. In der alten Bundesrepublik kam es 1969, 1976 und 1980 dazu, als jeweils SPD und FDP es zusammen auf mehr Bundestagssitze brachten als die Erstplatzierten CDU/CSU allein mit ihren Kanzlerkandidaten Kiesinger, Kohl und Strauß. Mit sozialliberaler Mehrheit wählten die beiden verbündeten Fraktionen Willy Brandt beziehungsweise später Helmut Schmidt zum Bundeskanzler. Helmut Kohl (CDU) wurde dann durch Umkoalieren der FDP in der laufenden Wahlperiode und ein Konstruktives Misstrauensvotum (gegen Helmut Schmidt) 1982 Bundeskanzler – und blieb es für sechzehn Jahre.

Neben dem Wählen von Personen und Abstimmen über Sachfragen nach dem Mehrheitsprinzip gibt es erstaunlicherweise noch weitere Formen demokratischer Entscheidungsverfahren. Bei Stimmengleichheit kann das Los (oder eine Münze) den Ausschlag geben. Man kann auch Mitglieder für kommunale Planungsbeiräte oder etwa Funktionäre in Vereinen durch Los bestimmen (was selten vorkommt). Sie müssen dann allerdings immer noch bereit sein, das Amt auch anzunehmen, wie dies für Gewählte genauso gilt. Wenn etwa das Ergebnis zu schwach oder mit der »falschen« Mehrheit zustande gekommen ist oder wenn man es sich plötzlich anders überlegt hat – ablehnen kann man immer.

Das gilt freilich nicht für einen Typ von Ehrenamt, das genau dadurch gekennzeichnet ist, dass man es nicht ablehnen kann: die Berufung in einen Wahlvorstand für eine allgemeine Wahl. Viele melden sich zunächst freiwillig beim Gemeindewahlleiter, aber wer dann offiziell berufen wird, kann sich nur mit triftigem Grund von dieser demokratischen Bürgerpflicht befreien lassen. Die ehrenamtliche, unparteiische Vorstandsbesetzung der großen Zahl von Wahllokalen am Wahltag läuft in Deutschland vergleichsweise klag- und problemlos. Lange Schlangen von Wahlberechtigten, tagelanges Warten auf das Auszählen der Stimmen oder Manipulationsvorwürfe der unterlegenen Seite – all das ist hierzulande praktisch nicht bekannt. Wahlen haben reibungslos zu funktionieren. Und sie tun es.

In allen demokratischen Systemen hat die konkrete Ausgestaltung des Wahlrechts einen entscheidenden Einfluss auf die Struktur des Parteiensystems. Gilt reines Mehrheitswahlrecht, dann gibt es eine starke Tendenz zu einem Zwei-Parteiensystem. In den USA sind das die Demokratische und die Republikanische Partei. Alle politischen Strömungen des Landes müssen sich bei allgemeinen Wahlen in die eine oder die andere Parteiorganisation einfügen, um Aussicht auf Teilhabe am Erfolg zu haben. Entsprechend heterogen setzen sich die beiden Omnibus-Parteien an ihrer Mitgliederbasis zusammen.

Historisch etwas anders gewachsen sind in Großbritannien die Konservative und die Labour-Partei. Labour hat in der klassischen Unterhaus-Dichotomie als Gegengewicht zu den Tories vor hundert Jahren die Liberale Partei abgelöst, die seither mehr oder weniger ein Schattendasein fristet. Durch starke Regionalparteien außerhalb Englands (Schottland, Nordirland, Wales) und zeitweise die Anti-EU-Bewegung gehören dem britischen Parlament aber immer mehr als nur die zwei Großparteien an. Es gab in London auch schon Koalitionsregierungen.

Das französische Wahlsystem begünstigt zunächst den Parteienwettbewerb im eigenen Lager: Rechts, Links und in der Mitte. Es kommt zu Parteienbündnissen für den zweiten Wahlgang (oder von Vornherein für die Aufstellung eines gemeinsamen Präsidentschaftskandidaten wie im Fall Francois Hollandes) und gelegentlich zu sehr erfolgreichen Neugründungen, zuletzt die Bewegung des späteren Präsidenten Emmanuel Macron, »La République en Marche«.

Supergerechtes Verhältniswahlrecht

Das sogenannte personalisierte Verhältniswahlrecht in Deutschland gilt als etwas komplizierter als das reine Mehrheitswahlrecht, war aber von der Ursprungsidee her ebenfalls gut verständlich, bis 2008 das Bundesverfassungsgericht daran ging, absolute Wahlgerechtigkeit herstellen zu wollen, womit nun niemand mehr glücklich ist. (Ursprünglich ging es darum, das sogenannte »negative Stimmgewicht«, das bei – extrem seltenen – Nachwahlen in einem Bundestagswahlkreis auftreten kann, auszuschalten.)

Als ich 1998 das erste Mal für den Deutschen Bundestag kandidierte, sah ich mir am Morgen des Wahlsonntags mit meiner damals siebenjährigen Tochter wie immer die »Sendung mit der Maus« im Fernsehen an. Die Maus-Leute erklärten das Wahlsystem. Zunächst mal fünf Parteien: die orange Mauspartei, die lila Elefantenpartei, die gestreifte Hein-Blöd-Partei, die gelbe Entenpartei und die blaue Käptn-Blaubär-Partei. Dann eine Schule, das ist Deutschland. Jeder Flur dort stellt ein Bundesland dar. Ein Klassenraum: ein Wahlkreis. Jeweils zwei oder drei Tische in einer Klasse sind – ein Stimmbezirk. Jetzt kommt das mit den zwei Stimmen: eine für die Maus, damit sie den Wahlkreis gewinnt, und eine für die orange Partei, das ist die Zweitstimme. Ich meine mich zu erinnern, dass auch das System der Landeslisten und der den Parteien nach dem Verhältnis der Zweitstimmen zustehenden Sitze im Bundestag vorgespielt wurde. Aber die 98er Wahl-Maus habe ich im Internet nicht mehr gefunden. Da findet man jetzt neuere Bundestagswahl-Erklärsendungen, die ein bisschen weniger erklären.

Eigentlich sollte der Bundestag mit 598 Sitzen zur Hälfte aus direkt in ihren Wahlkreisen gewählten Abgeordneten (299) und zur anderen Hälfte aus Abgeordneten, die über die Landesliste ihrer jeweiligen Partei gewählt sind, bestehen. Plus gegebenenfalls ein paar Überhangmandate, falls die Direktkandidaten einer Partei in einem Bundesland mehr Wahlkreise gewonnen haben, als der Partei nach dem Anteil an den Zweitstimmen in diesem Land insgesamt an Sitzen »zustehen«. Natürlich bleiben die in den Wahlkreisen direkt gewonnenen Mandate erhalten. (Inzwischen gibt es irre Vorschläge, sogar das zu ändern.)

Überhangmandate können theoretisch zu einer folgenreichen Verzerrung der Sitzverteilung führen. Doch bisher waren Überhangmandate für die Bildung einer Regierungsmehrheit im Deutschen Bundestag noch nie ausschlaggebend. Im Extremfall könnte aber ein Effekt wie in den USA 2002 und 2016 eintreten: Der Zweitstimmensieger kommt am Ende auf weniger Sitze als die dahinter platzierte Partei der Wahlkreiskönige. Nach Entscheidungen des Bundesverfassungsgerichts und entsprechenden Verschlimmbesserungen im Wahlgesetz ist diese hypothetische Gefahr jetzt durch ein aufwendig zu berechnendes System von Ausgleichsmandaten gebannt. Allerdings wächst das Parlament in Berlin dadurch enorm. 2017 führten 46 Überhangmandate (36 CDU, 7 CSU, 3 SPD) zu 65 Ausgleichsmandaten (19 SPD, 10 Die Linke, 10 Grüne, 15 FDP, 11 AfD), Gesamtzahl der Abgeordneten damit: 709.

In der Wahlperiode nach 2021 soll eine weitere Reform des Bundestagswahlrechts in Angriff genommen werden mit dem Ziel, die Abgeordnetenzahl zu reduzieren oder wenigstens zu stabilisieren. Denn es gibt Szenarien, wonach auch 800 Mandate nicht unrealistisch wären, etwa wenn die stärkste Partei mit weit unter 50 Prozent der Zweitstimmen die weit überwiegende Zahl der Wahlkreise gewinnt.

Im deutschen personalisierten Verhältniswahlrecht – mit Betonung auf Verhältnis – kam neben den beiden traditionellen Volksparteien immer auch kleineren »Zünglein-an-der-Waage«-Parteien eine große Bedeutung zu. Jahrzehntelang war dies im Bonner Bundestag nur die FDP, seit den 1980er-Jahren zusätzlich die Grünen als vierte Partei, seit den 90ern im vereinten Deutschland ergänzend PDS/Linkspartei und seit einigen Jahren als sechste Parlamentspartei die AfD. Eine Fünf-Prozent-Hürde soll vor einer gar zu kleinteiligen Zersplitterung der

Parteienlandschaft im Bundestag und in den Landtagen schützen. Auf kommunaler Ebene gilt diese Regelung nicht, was auch Kleinstparteien wie ÖDP, Volt oder Tierschutzpartei einen Sitz in der Stadtvertretung ermöglichen kann, außerdem natürlich lokalen Wählergemeinschaften.

Wir sehen, dass die Spielregeln auf den unterschiedlichen Ebenen der Repräsentation in Deutschland durchaus unterschiedlich sind. Erst recht sind sie es international. Bei der Wahl der Abgeordneten zum Europäischen Parlament gibt es übrigens noch nicht einmal Wahlkreise, sondern (in Deutschland) nur Landeslisten oder eine Bundesliste.

Parlamentarisch oder präsidentiell regieren?

Erheblichen Einfluss auf die politische Kultur eines Landes hat die Grundentscheidung für ein parlamentarisches oder ein präsidentielles Regierungssystem. Die volksgewählten Präsidenten unserer alten Vorbilddemokratien USA und Frankreich mögen uns heute ein wenig wie Ersatzmonarchen erscheinen mit ihrem Pomp und Pathos und einer formalen Machtfülle, die weit über das hinausgeht, was parlamentsgewählten Ministerpräsidenten, Premierministern und Bundeskanzlern zusteht.

Ein Bundeskanzler oder eine Bundeskanzlerin hierzulande ist auf die Wahl und die kontinuierliche Unterstützung durch eine verlässliche Mehrheit der Abgeordneten im Deutschen Bundestag angewiesen. Der amerikanische Präsident hingegen kann sein Amt auch ausüben, wenn es in beiden Kammern des Kongresses – Repräsentantenhaus und Senat – Mehrheiten gegen ihn und seine Partei gibt. Oder, was häufiger vorkommt, in einer der beiden Kammern. Das ist unbequem, aber diese »Checks and Balances« waren von den Autoren der amerikanischen Verfassung gewollt. Auch in Frankreich kommt es vor, dass der Präsident mit seiner Regierung auf der einen Seite und auf der anderen Seite die Parlamentsmehrheit für entgegengesetzte politische Richtungen stehen. Dann müssen sie sich schlecht und recht zusammenraufen. Man nennt das in Paris »Cohabitation«.

Konstitutionelle Monarchien der Gegenwart entsprechen in Europa dagegen eher unserem Modell der parlamentarischen Demokratie. Dem erbadeligen Staatsoberhaupt kommen vorzugsweise prozedurale und zeremonielle Funktionen zu. Die Befugnisse des Amtes des Bundespräsidenten liegen näher an denen von Königin Margrethe von Dänemark oder König Willem-Alexander der Niederlande als an denen von Präsident Macron oder Präsident Biden. In Deutschland gibt es gute historische Gründe für eine streng parlamentarische Konstruktion anstelle eines verfassungsrechtlichen Spannungsverhältnisses zwischen direkt gewähltem Staatsoberhaupt und direkt gewähltem Parlament wie in der Weimarer Republik.

Demokratische Vorbilder

In den Demokratien überall auf der Welt scheint es so sein, dass die eigenen Regeln den jeweiligen Staatsbürgerinnen und Staatsbürgern gewissermaßen als normal erscheinen, während sie sich über anderer Länder Systeme nur wundern können. Viele demokratische Formen sind möglich. Aber nicht alles passt überall.

Oft hört man, wenn es darum geht, in einer Krisenregion nach Krieg oder Bürgerkrieg geordnete demokratische Verhältnisse aufzubauen, hier solle man jetzt bitte nicht die Maßstäbe einer »Westminster-Demokratie« anlegen. »Westminster« – als sei das Parlament in London das perfekte Modell, das nur eben leider so komplex ist, dass man seine Regelfülle armen Asiaten oder Afrikanern nicht zumuten kann. Genau genommen ist das Gegenteil richtig: Im britischen Mehrheitswahlrecht mit einem Unterhaus, in dem die Parlamentsmehrheit samt Regierung auf der einen Seite des Saales sitzt und auf zwei Schwertlängen entfernt die Opposition mit dem Oppositionsführer genau gegenüber, ist vieles von alters her geradezu vorbildlich einfach eingerichtet.

Tatsächlich versucht die internationale Gemeinschaft aber auch kaum noch, in einem *Failed State* das britische Modell zu installieren (das in vielen ehemaligen Kolonien, die heute Mitglied des Commonwealth sind, allerdings so oder so ähnlich schon existiert), sondern eigentlich immer nur das amerikanische. Wie in einem schönen alten Hollywood-Film – wo zum Schluss die liebenswerte Frau und der herzensgute Mann zusammenfinden und als Happy End: heiraten! – sollen Interventionen des Westens gern enden mit einem demokratischen Hochzeitsgottesdienst: Parlaments- und Präsidentenwahlen! Vorhang zu, alles gut. Von Somalia über Afghanistan bis zum Irak hat das allerdings immer wieder nicht so gut geklappt. Es muss nicht unbedingt eine starke Zentralgewalt sein, nicht immer ein formal machtvoller Präsident (der regelmäßig mit dem Parlament kämpft), wenn es darum geht, das Chaos zu ordnen. Auch in den ehemaligen französischen Kolonien, in der noch heute mit Paris verbundenen Frankophonie, ist das französische präsidentielle Verfassungsvorbild nicht immer hilfreich, aber in der Realität weit verbreitet.

Kein Vorbild sind »Parlamente«, die nur wie Parlamente aussehen, aber nicht aus allgemeinen, freien und fairen Wahlen hervorgegangen sind. Das Bild der 3.000 Delegierten des chinesischen Volkskongresses, die wie in einem Theater in Reih und Glied hinter ihren militärisch ausgerichteten Teekannen und Teetassen sitzen, andächtig den stundenlangen Ansagen des Generalsekretärs der Kommunistischen Partei, Vorsitzenden der Zentralen Militärkommission und Staatspräsidenten der Volksrepublik China, Xi Jinping, lauschen und anschließend seinen goldenen Worten begeistert Applaus spenden, zeigt ein Scheinparlament. Dort findet kein freier Meinungsaustausch statt, dort wird die Macht nicht kontrolliert, dort wirbt keine Opposition für sich als bessere Regierungsalternative bei der nächsten Wahl.

Russland, das Präsident Wladimir Putin selbst als »gelenkte Demokratie« bezeichnet, und das nach theokratischen Vorgaben für die Kandidatenzulassung gewählte iranische Parlament entsprechen ebenfalls nicht demokratischen Grundprinzipien. Wesentliche Teile des politischen Spektrums können nicht frei und gleichberechtigt in der Öffentlichkeit für ihre Anschauungen werben, Parteien gründen und Kandidaten zur Wahl stellen. Stattdessen werden Systemgegner und Oppositionelle staatlich verfolgt, inhaftiert, vergiftet und getötet. Nach diesem Muster verfahren viele voll- oder halbdiktatorische Regime weltweit. Erstaunlicherweise glaubt allerdings kaum ein Diktator, ohne die Scheinlegitimation einer manipulierten Wahl zu einem Pseudo-Parlament auszukommen. Also wird »gewählt«, aber es bedeutet nichts.

Wenn Deutschland international Modell steht, was auch gelegentlich vorkommt, dann ist es oft der Föderalismus, die weitreichende politische Eigenständigkeit der sechzehn Bundesländer, die zur Nachahmung empfohlen wird. Außerdem die Beilegung jedweder Grenzstreitigkeiten nach jahrhundertelangen blutigen Kämpfen und Kriegen, insbesondere die demonstrativ aufwendige Minderheitenpolitik in Nord- und in Südschleswig für die deutsche Minderheit in Dänemark und dänische Minderheit in Schleswig-Holstein, ein Ausgleich, der funktioniert.

Genau besehen hat im föderalen Deutschland wie in den Vereinigten Staaten von Amerika jedes Land noch eine Art eigene Staatsqualität: ein Parlament und eine Regierung, die Hoheit über Polizei und Justiz, über Schulen und Hochschulen, sogar einen eigenen Geheimdienst (Verfassungsschutz) sowie Fahne und Hymne. Das mag es erleichtert haben, als am 3. Oktober 1990 die DDR in Gestalt von fünf ostdeutschen Ländern der Bundesrepublik Deutschland mit ihren zehn Ländern (plus Berlin) beitrat.

Wie sehr die westdeutsche Republik ein offener Bund von zunächst weniger und später mehr Ländern war, zeigte schon der 1957 erfolgte Beitritt des Saarlandes. Der alte Artikel 23 des Grundgesetzes lautete: »Dieses Grundgesetz gilt zunächst im Gebiete der Länder Baden, Bayern, Bremen, Groß-Berlin, Hamburg, Hessen, Niedersachsen, Nordrhein-Westfalen, Rheinland-Pfalz, Schleswig-Holstein, Württemberg-Baden und Württemberg-Hohenzollern. In anderen Teilen Deutschlands ist es nach deren Beitritt in Kraft zu setzen.« Mit dem Beitritt der Länder Mecklenburg-Vorpommern, Brandenburg, Sachsen-Anhalt, Thüringen und Sachsen ist »in freier Selbstbestimmung«, wie die neu gefasste Präambel des Grundgesetzes feststellt, »die Einheit und Freiheit Deutschlands vollendet«. Der alte Beitrittsartikel 23 wurde aufgehoben. Unter dieser Nummer finden sich jetzt im Grundgesetz passenderweise neue Regelungen zur Europäischen Union.

4 Langer Weg zum Grundgesetz

Deutsche Mittellage, Kleinstaaterei und Militärmacht

Den ersten Satz der Weimarer Reichsverfassung kann kaum jemand zitieren, weil er so unwahrscheinlich klingt, so altertümlich, so vordemokratisch. Aber darum ging es gerade – an längst vergangene Legitimationssysteme anzuknüpfen. Nämlich: »Das deutsche Volk, einig in seinen Stämmen und von dem Willen beseelt, sein Reich in Freiheit und Gerechtigkeit zu erneuern und zu festigen, dem inneren und dem äußeren Frieden zu dienen und den gesellschaftlichen Fortschritt zu fördern, hat sich diese Verfassung gegeben.«

Volk, Stämme, Reich. Was für eine Formulierung: »einig in seinen Stämmen«! Das ist ein Wort wie aus einem alten deutschen Geschichtsbuch, wo Franken, Bayern, Schwaben, Thüringer, Sachsen und Friesen vor 1000 Jahren »Stämme« eines schwankenden Königreichs gewesen sein mögen, dessen zerbrechliche Zentralmacht die Stammesfürsten von der Peripherie her förderten oder herausforderten.

Einen solchen vormodernen, romantisierenden Stammesbegriff finden wir in heutiger Zeit angewandt auf Gewaltereignisse in Mali (Bambara, Dogon, Tuareg) oder in Afghanistan (Paschtunen, Hazara, Usbeken), »Stammeskonflikte« eben, neuerdings überlagert von international operierenden dschihadistischen Terrororganisationen (Al-Qaida, IS, Boko Haram). Wenn also die Verfassungsgebende Nationalversammlung in Weimar 1919 ausdrücklich die Einigkeit der Stämme beschwört, wird sie für einen Moment gewissermaßen zur Loja Dschirga der Deutschen, zur großen Ratsversammlung, zur Stimme der Stämme – wie im Kabul der Gegenwart.

Unser Weg zu einem freiheitlichen demokratischen Rechtsstaat, der Bestand hat, war weit. Wir sollten deshalb ein gewisses Verständnis dafür aufbringen, wenn heute andere auf der Welt weite Wege zu gehen haben. Schon klar, sie könnten sich an uns orientieren, von unseren Erfahrungen profitieren und ihren Weg abkürzen. Die Welt ist ein Dorf geworden, wir sind alle Nachbarn auf diesem Planeten, das Internet verbindet jeden mit jedem. Man kann hinfliegen, wenn gerade keine Seuche alles lahmlegt. Und wir helfen auch gerne. Aber den deutschen Weg in Gänze sollte keine Gesellschaft noch einmal ablaufen müssen. Es handelt sich hier schon um einen sehr besonderen, allzu oft schrecklichen, den berühmten »deutschen Sonderweg«.

Das Deutsche Reich war kein Nationalstaat, sondern die Idee einer weltlichen, wenn nicht gar auch die Kirche vereinnahmenden europäischen Universalherrschaft (bis zu Heinrichs IV. »Gang nach Canossa« 1077, der weltliche und kirchliche Macht endgültig teilte). Das Heilige Reich war eine gewollte Fortsetzung des römischen Imperiums durch Mittelalter und Neuzeit hindurch. Diese Idee des christlichen Kaisertums konnte nie unangefochten bestehen. Neben dem deutschen König und Kaiser gab es bald weitere Könige (auch innerhalb des Reichs), später weitere Kaiser und viele Kriege um Größe und Grenzen.

Was heute Deutschland heißt, ist der zentrale Teil Mitteleuropas. Diese deutsche Mittellage förderte einerseits Handel und Wandel und bedeutete zum anderen permanente Kriegsgefahr von allen Seiten. Da hatten es England, Frankreich und Spanien über Jahrhunderte leichter. Der Dreißigjährige Krieg (1618–1648), als alle Welt in der Mitte Europas für die römische Kirche oder die Reformation oder für ihre eigenen Territorialansprüche focht, gilt als die traumatische Urkatastrophe der Deutschen. Er verheerte die deutschen Länder und Städte und militarisierte das politische Denken. Das Preußen des Großen Kurfürsten (1640–1688) mit seinem neuen stehenden Heer war ein Ergebnis dieser Zeit.

Bismarck achtete in den Einigungskriegen 1864–1871 sehr darauf, dass es Preußen-Deutschland nur jeweils mit einem Kriegsgegner, erst Dänemark, dann Österreich, schließlich Frankreich, zu tun bekam. Generalstabschef Helmuth von Moltke plante trotzdem vorsichtshalber, wie im schlimmsten Fall ein Zweifrontenkrieg zu führen wäre. Dafür hatte die preußische Generalstabsschule eine Doktrin entwickelt, die bis zu den Feldzügen der Wehrmacht Bestand hatte: den schnellen Krieg, später »Blitzkrieg« genannt.

Mit dem Fortschritt der Technik war er möglich geworden. Die Eisenbahn erlaubte große Truppenbewegungen in kürzester Frist über weite Entfernungen. Und der Telegraph stellte zwischen gleichzeitig operierenden Heeresgruppen eine dauerhafte Verbindung her, fast in Echtzeit. »Getrennt marschieren, vereint schlagen« ist seit Königgrätz 1866 (gegen Österreicher und Sachsen) ein zentraler Topos deutscher militärischer Führungskunst. Hinzu kommt die Lehre des »Operativen Denkens«, die auf Initiative, Bewegung, Schnelligkeit, Überraschung, Angriff, Freiheit des Handelns, Umfassung und Vernichtung der entgegenstehenden Kräfte setzt.

So sollte im Zweifrontenkrieg zuerst auf der einen Seite die Hauptmacht des Gegners grenznah eingekesselt und zerschlagen werden, während auf der anderen Seite schwache eigene Kräfte das Vordringen der anderen feindlichen Militärmacht verzögern sollten. Wäre sodann auf der ersten Seite der Sieg errungen, würde mittels Eisenbahn alles auf die zweite Seite geworfen, um dort durch schnelle Operationen den Gegner ebenfalls grenznah in die Zange zu nehmen, zu besiegen und zurückzugewinnen, was schon verloren ging. So war der Erste Weltkrieg (Schlieffen-Plan) gedacht, so lief am Anfang der Zweite.

Gerhard P. Groß, Historiker am Zentrum für Militärgeschichte und Sozialwissenschaften der Bundeswehr in Potsdam, hat die Epoche machende Geschichte dieses »Operativen Denkens« in seinem Buch »Mythos und Wirklichkeit« sauber nachgezeichnet. Er weist auch darauf hin, dass es sich um eine Kriegsführungsdoktrin des zahlenmäßig Unterlegenen für die Verteidigung des eigenen Landes im Zweifrontenkrieg handelt, nicht um eine Welteroberungsmethode. Nachschub, Reserven und ökonomische Ressourcen spielten eine untergeordnete Rolle, wenn es schnell gehen sollte. Aber nur dann. Beide Weltkriege dauerten lange.

Gelehrtenrepublik, verspätete Nation, Obrigkeitsstaat

Deutschlands prekäre geographische Lage als »Macht in der Mitte« ist das Eine. Das andere Besondere ist die Schwierigkeit, aus vielen deutschsprechenden Ländern zu einer Nation, einem Nationalstaat zu werden und Demokratie zu erkämpfen. Unsere bürgerlich-demokratischen Bewegungen des 18. und des 19. Jahrhunderts sind allesamt gescheitert, während in Amerika,

England und Frankreich Revolutionäre die Freiheitsfahne hissten, sich Verfassungen gaben, Könige köpften und Abgeordnete wählten. In der »Virginia Declaration of Rights« vom 12. Juni 1776 beschloss erstmals ein frei gewähltes Parlament, dass alle Menschen von Natur aus frei, gleich und unabhängig sind, dass alle Macht vom Volke ausgeht und dass diejenige Regierungsform die beste ist, die den Menschen das größte Maß an Glück ermöglicht. »Amerika, du hast es besser!« lautete lange ein geflügeltes Wort im deutschen Jammertal.

Weder 1789 noch 1830 noch 1848 gelang den bürgerlichen Demokraten im territorial zersplitterten Deutschland der Durchbruch. Erst 1871 kam es, aus »Blut und Eisen« der Einigungskriege geschmiedet, zur kleindeutschen Lösung (ohne Österreich) einer »nationalen« Reichsgründung. Dazu eine Verfassung und ein Parlament, von höchster Stelle bewilligt, nicht von souveränen Bürgern errungen. Deutschland gilt in Europa mit Italien gemeinsam deshalb als »verspätete Nation«. Selbst die Griechen waren im 19. Jahrhundert schneller.

Auf den Habitus der Deutschen hatte diese demokratische Misserfolgsgeschichte einen erheblichen Einfluss. Machtlos in der politischen Sphäre zogen sich die Bürger, die für Freiheit und Selbstbestimmung eintraten, zurück in ihre private Sphäre, ins traute Heim, ins schöne Biedermeier der Restaurationszeit (nach dem Wiener Kongress 1814/15). Schon seit dem 18. Jahrhundert kennen wir solche Fluchten aus der politischen Ohnmacht in die klare Welt der deutschen »Gelehrtenrepublik«, wo freier Geist der bürgerlichen Emanzipation vorausging. Mochten andere Nationen Kontinente erobern und Kolonien gewinnen, während die sprichwörtliche deutsche »Kleinstaaterei« das Gespött der Nachbarn war, so fand sich doch immer eine gesamtdeutsche Leserschaft zusammen als grandiose »Kulturnation«. Wer hatte Goethe, Schiller, Lessing und Kleist? Welchem Vaterland entstammten Kant, Hegel und die Humboldts? So konnte man in einem virtuellen Deutschland der Dichter und Denker leben, einem Land der Wissenschaft und der schönen Künste. Heinrich Heine schrieb in »Deutschland. Ein Wintermärchen« (1844): »Franzosen und Russen gehört das Land,/das Meer gehört den Briten,/wir aber besitzen im Luftreich des Traums/die Herrschaft unbestritten.«

Der amerikanische Journalist und Schriftsteller Mark Twain hatte in der aufstrebenden Reichshauptstadt Berlin noch eine Huldigung dieser Idee der Gelehrtenrepublik erlebt und beschrieben, veröffentlicht in der *Chicago Daily Tribune* 1892: Twain war zu einem Festkommers der studentischen Burschenschaften eingeladen, der die berühmten Professoren Rudolf Virchow (Medizin) und Hermann von Helmholtz (Physik) zu ihrem jeweils 70. Geburtstag gemeinsam ehren sollte. Reden wurden gehalten, die viertausend Gäste sangen und tranken.

Aber dann kam noch ein später Geburtstagsgast, begleitet von einer Ehrengarde mit gezogenem Säbel. Man erhob sich von den Plätzen, »diese Bewegung setzte sich wie eine Welle durch das ganze Gebäude fort. Diese höchste Ehre war zuvor noch niemandem zuteil geworden. Dann hörte man an unserem Tisch ein erregtes Flüstern – ›Mommsen!‹ – und das ganze Haus erhob sich.« Man stampfte, applaudierte und schlug mit Bierkrügen auf die Tische. »Es war einfach wie ein Sturm!« schrieb Twain an seine amerikanischen Leser. »Dann ging der kleine Mann mit den langen Haaren und den Gesichtszügen wie Ralph Waldo Emerson an uns vorbei und setzte sich auf seinen Platz.«

Hier treffen in aller Unschuld die alte Gelehrtenrepublik und das neue Reich des Hurra-Patriotismus aufeinander. Im Luftraum des Geistes blieben die Deutschen weiter ganz vorne. 1902 erhielt der Historiker Theodor Mommsen den gerade eingeführten Literatur-Nobelpreis für seine »Römische Geschichte«. Das klingt wunderschön. Aber das neue, durch Krieg vereinte Deutschland wurde mehr und mehr anders. Auch bürgerliche Schichten orientierten sich jetzt in ihrem Denken und Verhalten zunehmend an den tonangebenden Gruppen des Reichs, an Militär- und Beamtenadel.

In seinen »Studien über die Deutschen« beschreibt der Soziologe Norbert Elias diesen Wandlungsprozess. Der Obrigkeitsstaat erzog seine Untertanen jetzt im neuen deutschen Geist. Nachdem Nation und Demokratie nicht zusammen zu haben waren, es also keine nationale Republik geben sollte, wurde völkischer Nationalismus zur staatstragenden Ideologie: Deutschland über alles! Weite Teile des Bürgertums ließen sich eingemeinden. Die wachsende Sozialdemokratische Partei mit ihrer marxistischen Umsturzideologie stand dem entgegen und gewann zunehmend Rückhalt in der Arbeiterschaft, aber bis 1918 blieben alle Institutionen des Reiches fest in der Hand der feudalen Führungsschicht, idealtypisch zusammengefasst in der Chiffre des »Generals Doktor von Staat«. Da war die Macht.

Während das Bürgertum schon in den früheren Phasen seiner staatspolitischen Ohnmacht gelernt hatte, die Politik der adligen Kabinette zu verachten, das heißt Politik an sich zu verachten und an deren Stelle für Geist, Kultur und Ideen zu schwärmen (der berühmte deutsche Idealismus), kam nun der parteienfeindliche Untertanengeist des wilhelminischen Obrigkeitsstaats hinzu.

Verlorene Siege der Freiheit

Mit der von Kiel ausgehenden Revolution, der Abdankung Kaiser Wilhelm II., der Ausrufung der Republik und der Kapitulation des Reiches im November 1918 war diese Herrschaft adliger Elitegruppen Geschichte. Arbeiter- und Soldatenräte und ein aus beiden sozialdemokratischen Parteien (SPD und USPD) gebildeter Zentraler Rat der Volksbeauftragten übernahmen die vollziehende und die gesetzgebende Gewalt. Die Tagesaufgaben hießen: Frieden, Freiheit und Brot. Aber in den Köpfen hatte sich das Kriegserlebnis 1914–1918 breitgemacht, die Militarisierung einer ganzen Gesellschaft im Interesse des Sieges der deutschen Waffen, die Fragwürdigkeit des individuellen Lebens im Angesicht millionenfachen Sterbens. Zugleich war die Untertanenmentalität keineswegs verschwunden, und die Polarisierung aller politischen Verhältnisse war noch härter geworden. Nicht wenigen schien es normal, so wie an der Front auch in den Kämpfen im Inneren ihr Leben einzusetzen.

Deutschland schlitterte in eine Art Bürgerkrieg. Parlaments- und Regierungssitz sicherten im Januar 1919 ad hoc aufgestellte militärische Verbände der SPD, zum ersten und einzigen Mal in ihrer Geschichte: wirkliche Partei-Soldaten, die beiden Regimenter »Reichstag« und »Liebe« (so hieß der für den Schutz der Wilhelmstraße zuständige Kommandeur). Derweil besetzten kommunistische Aufständische das Zeitungsviertel. Schließlich schlugen regierungstreue Freikorpstruppen den sogenannten Spartakusaufstand in Berlin, der nach russischem Beispiel Deutschland der Weltrevolution anschließen sollte, nieder. Anderswo dauerte es noch einige Wochen mehr.

Lag schon hier eine der Ursachen für das Scheitern des (nach 1848/49) zweiten deutschen Demokratieversuchs 1918–1933?

War die Geburt zu schwer, die Daueropposition von links (Diktatur des Proletariats) und rechts (zunächst: Wiederherstellung der Monarchie) zu stark, die Spaltung der Arbeiterparteien zu schmerzhaft, die Hypothek des Versailler Vertrages mit den Gebietsverlusten, den Reparationszahlungen und der Verzwergung des Militärs zu drückend? Das alles mag im Nachhinein die Misserfolgsgeschichte der Weimarer Republik erklären helfen. Aber solange die Republik bestand, hätte es andere Optionen gegeben als die schließliche Machtübertragung an den Führer der NSDAP, Adolf Hitler, am 30. Januar 1933 durch Reichspräsident Paul von Hindenburg.

Wäre der erste Reichspräsident, der Sozialdemokrat Friedrich Ebert, nicht 1925 im Alter von 54 Jahren gestorben, sondern mit seiner Blindarmentzündung rechtzeitig ins Krankenhaus gekommen – die demokratischen Dinge in Deutschland wären gewiss nicht genau so weitergegangen, wie sie dann über Hindenburg, die Brüningschen Präsidialkabinette mit ihren Notverordnungen zu Hitler, Reichstagsbrand und Ermächtigungsgesetz geführt haben, um eine komplizierte und niemals zwangsläufige Ereignisabfolge in wenigen Stichworten anzudeuten.

Es war immer schwierig, aber manchmal schien die Politik von Liberalen wie Gustav Stresemann (Reichskanzler, Außenminister) und Sozialdemokraten wie Hermann Müller (Außenminister, Reichskanzler) der Republik genau jene Erfolge zu bescheren, derer sie zum Weiterleben so existenziell bedurfte: Wirtschaftsaufschwung, Reduzierung der Reparationen, beginnende Aussöhnung mit Frankreich, Aufnahme in den Völkerbund. Dann der Schwarze Freitag und die Weltwirtschaftskrise 1929. Und schließlich 1930 das Zerbrechen der letzten parlamentarischen Mehrheitsregierung (SPD, DDP, DVP, BVP,

Zentrum) an der Frage einer Beitragserhöhung zur Arbeitslosenversicherung. Es war ein vermeidbares Ende. Die letzten Regierungen der Republik versuchten, gegen die Krise anzusparen. Das half wenig und verschärfte die Not.

Der Zivilisationsbruch

Als 1933 Hitler kam, bedeutete seine Politik der massiven Wiederaufrüstung bald ein riesiges Konjunkturprogramm, quasi keynesianische Politik, bezahlt mit Schulden und auch durch die Enteignung der jüdischen Deutschen, die zunächst drangsaliert und aus dem Land getrieben, später in Konzentrationslagern gefangen und ermordet wurden. Hitlers Ziele hießen: Krieg, deutsche Hegemonie über Europa, rassische »Neuordnung«.

Die Ermordung von insgesamt mehr als 5 Millionen Juden aus dem besetzten Europa fand statt durch Erschießungen wie im oben schon erwähnten Beispiel auf der Krim oder etwa in Babi Jar bei Kiew, wo Männer der »Einsatzgruppe D« im Befehlsbereich der 6. Armee am 29. und 30. September 1941 laut Protokoll 33.771 Juden massakrierten. Die Einsatzgruppen der Sicherheitspolizei und des Sicherheitsdienstes der SS folgten jeweils den Heeresgruppen der Wehrmacht, um auftragsgemäß ihren Beitrag zur sogenannten »Endlösung der Judenfrage« zu leisten.

Wer nicht vor Ort oder im Zwangsarbeits-KZ erschossen oder erschlagen wurde, kam in den zentralen sechs Vernichtungslagern außerhalb des alten Reichsgebietes ums Leben. Hier wurde auch Gas zur beschleunigten industriellen Massentötung eingesetzt. Chelmno (Kulmhof), Belzec, Sobibor,

Treblinka, Majdanek und Auschwitz lauten die Namen dieser Höllenorte, die für den Zivilisationsbruch schlechthin stehen. Das Morden geschah nicht bloß »im deutschen Namen«, wie noch heute Verharmloser sagen, sondern durch Deutsche auf Befehl von Deutschen als Haupt- und Staatsaktion des Deutschen Reiches.

Der amerikanische Historiker Timothy Snyder hat in seinem epochemachenden Buch »Bloodlands. Europa zwischen Hitler und Stalin« auf die Opferzahlen von politischem Terror, von ethnischen Säuberungen und Liquidierungen wegen Klasse, Rasse oder Religion in den sogenannten »Bloodlands«, den osteuropäischen Ländern zwischen Deutschland und Russland, hingewiesen: »Die Opfer waren vor allem Juden, Weißrussen, Ukrainer, Polen, Russen und Balten, die Bewohner dieser Länder. Die 14 Millionen Opfer wurden in nur zwölf Jahren ermordet, zwischen 1933 und 1945, als Hitler und Stalin gleichzeitig an der Macht waren. Obwohl ihre Heimatländer in der Mitte dieser Epoche zu Schlachtfeldern wurden, waren sie alle Opfer einer mörderischen Politik, keine Kriegsopfer.«

In den 1980er-Jahren des 20. Jahrhunderts hatte es in Westdeutschland einen Historikerstreit darüber gegeben, ob die früher begonnenen Verbrechen des Stalinismus in der Sowjetunion vorbildhaft und ursächlich gewesen seien für die Verbrechen des nationalsozialistischen Deutschland. Das waren sie nicht. Aber jedes Relativieren verbietet sich ohnehin angesichts des Grauens dieser Vergangenheiten.

Im Frühjahr 1941, vor dem Angriff der einen totalitären (Nazi-) Diktatur auf die andere totalitäre (KP-)Diktatur, herrschte Nacht in Europa. Die Demokratien waren, bis auf Großbritannien, die Schweiz und Schweden, weitgehend ausgeschaltet und besetzt, Amerika noch nicht in den Krieg eingetreten. Die

Neigung der US-Politik, erneut an einem europäischen Krieg teilzunehmen (wie 1917/18) war nicht allzu stark ausgeprägt. Es war sogar gesetzlich verboten. In einem literarischen Gedankenexperiment lässt der Schriftstelle Philip Roth (»Verschwörung gegen Amerika«, 2004) den berühmten Atlantikflieger und Nazi-Freund Charles Lindbergh die Präsidentschaftswahl 1940 gegen Franklin D. Roosevelt gewinnen. Schikanen gegen Juden nehmen zu, Churchills England steht weiter ganz allein gegen Hitlers Europa. Aber dann geschehen Dinge – und die Geschichte geht gerade noch einmal so weiter, wie wir sie kennen.

Am Ende siegen im Mai 1945 Amerika, Großbritannien und die Sowjetunion über Deutschland (und über Japan im August 1945). Deutschland wird geteilt und erst einmal von den Siegermächten (inklusive Frankreich) verwaltet.

Ein für alle Mal: der Mensch im Mittelpunkt

Der dritte reale deutsche Demokratieversuch nach 1848 und 1918 startete in den Westsektoren mit Kommunalwahlen, dann mit Landtagswahlen. Ein Verfassungskonvent (auf dem bayerischen Schloss Herrenchiemsee) bereitete eine Diskussionsgrundlage für einen Parlamentarischen Rat vor, dessen Vorsitz der Christdemokrat Konrad Adenauer übernahm. Am 23. Mai 1949 trat dann das Grundgesetz für die Bundesrepublik Deutschland in Kraft. »Verfassung« wollte man das Werk noch nicht nennen, da es nicht für ganz Deutschland Geltung beanspruchen konnte. Im Ostteil des besetzten Landes entstand derweil die »Deutsche Demokratische Republik« als kommunistischer Satellitenstaat der Sowjetunion, die nun (bis 1989) ganz Osteuropa kontrollierte.

Oft hört man, in unserem inzwischen seit über 70 Jahren geltenden, bewährten und allseits gelobten Grundgesetz dürfe man alles ändern, nur die ersten zwanzig Artikel (die mit den Grundrechten) nicht. Das ist so nicht ganz richtig. Auch die Grundrechtsartikel dürfen geändert werden. Und das kommt auch gelegentlich vor. Artikel 19 allerdings schränkt ein: In keinem Fall dürfe »ein Grundrecht in seinem Wesensgehalt angetastet werden«. Und Artikel 79 verbietet eine »Änderung dieses Grundgesetzes, durch welche die Gliederung des Bundes in Länder, die grundsätzliche Mitwirkung der Länder bei der Gesetzgebung oder die in den Artikeln 1 und 20 niedergelegten Grundsätze berührt werden«. Was ausdrücklich nicht mehr infrage kam, war eine »Gleichschaltung« der Länder wie im Dritten Reich. Es sollte keinen unitarischen Zentralstaat geben, sondern als erste Ebene der demokratischen Checks and Balances ein föderales Aufeinander-angewiesen-Sein von Bund und Ländern. Und man sieht auch historisch: Zuerst waren die Länder da, und dann schlossen sie, 1949, einen Bund.

Der fundamentale Artikel 1 lautet in Absatz 1, den viele auswendig kennen: »Die Würde des Menschen ist unantastbar. Sie zu achten und zu schützen, ist Verpflichtung aller staatlichen Gewalt.« Das war nun das programmatische Gegenteil der nationalsozialistischen Staatspraxis. Es gibt kein unwertes Leben, und jedes Leben hat seine eigene Würde. Der Einzelne ist nicht für das Kollektiv da, nicht für einen bestimmten Zweck oder Nutzen. Seine Würde ist zu achten und zu schützen, weil es ihn gibt. Alle staatliche Gewalt: Das meint alle Parlamente, Regierungen und Gerichte von Bund und Ländern und auch die kommunalen Verwaltungen.

Absatz 2 erklärt: »Das deutsche Volk bekennt sich darum zu unverletzlichen und unveräußerlichen Menschenrechten als

Grundlage jeder menschlichen Gemeinschaft, des Friedens und der Gerechtigkeit in der Welt.« Anders als in der Weimarer Verfassung stehen die Menschenrechte gleich am Anfang des Grundgesetzes – vor den Bestimmungen über den Staatsaufbau. Diese Rechte werden von keiner Obrigkeit gewährt, sondern sie gelten unmittelbar, und sie werden ausdrücklich alle aufgezählt: die persönliche Freiheit (Art. 2), die Gleichheit vor dem Gesetz (Art. 3), die Glaubens- und Gewissensfreiheit (Art. 4), die Meinungs-, Kunst- und Wissenschaftsfreiheit (Art. 5), der Schutz von Ehe und Familie (Art. 6), die Versammlungsfreiheit (Art. 8), die Vereinigungsfreiheit (Art. 9), das Briefgeheimnis (Art. 10), die Freizügigkeit (Art. 11), die Berufsfreiheit (Art. 12) und die Unverletzlichkeit der Wohnung (Art. 13).

So selbstverständlich uns das alles heute trotz der zeitweiligen harten Corona-Einschränkungen vorkommt, so blutig mussten diese Rechte erkämpft werden, zum Teil von militärischen Gegnern, die als Befreier kamen. Denn diese Freiheiten hatten die Deutschen in den Zeiten der Hitler-Diktatur nicht. Manche mögen sie gar nicht vermisst haben, manche waren damit beschäftigt, den Freiheitsgebrauch anderer zu denunzieren und zu verfolgen. Aber nicht wenige hüteten die Erinnerung an die verlorenen Freiheiten der Weimarer Republik und in gewissem Maße auch der Zeit davor. Manche waren in andere Länder geflohen, um von dort aus für ein neues, freies, besseres Deutschland zu kämpfen wie Thomas Mann oder Bertolt Brecht. Manchen, nicht nur den Kommunisten, die aus dem Moskauer Exil zurückkehrten, schien zunächst die DDR das bessere Deutschland zu werden. Aber wo es keine Freiheit geben sollte, keinen Pluralismus, keine Demokratie musste man einen Zaun und Selbstschussanlagen bauen, einen regelrechten

Todesstreifen anlegen, damit niemand sich mehr die Freiheit nehmen konnte zu gehen.

Insofern war die Unaufgebbarkeit der Freiheitsrechte im Grundgesetz auch eine Garantie dafür, dass es keine »Wiedervereinigung« nach Stalins Gusto (wie 1952 vorgeschlagen) geben konnte. Einheit in Freiheit blieb das Ziel, und es kam 1989/90 auf die Tagesordnung der Weltgeschichte.

Der zweite fundamentale Grundgesetzartikel nach Artikel 1 ist Artikel 20. Er beginnt: »Die Bundesrepublik Deutschland ist ein demokratischer und sozialer Bundesstaat.« In einem Satz die ganze Staatsphilosophie: Demokratie, Sozialstaat, Föderalismus.

Und in Artikel 20 Absatz 2 heißt es (wie hier schon zitiert wurde): »Alle Staatsgewalt geht vom Volke aus.« (Also kein Monarch oder »Führer« steht dazwischen!) »Sie wird vom Volke in Wahlen und Abstimmungen und durch besondere Organe der Gesetzgebung, der vollziehenden Gewalt und der Rechtsprechung ausgeübt.« Hier sind die Gewaltenteilung und der repräsentative Charakter der bundesrepublikanischen Demokratie verankert. Alle Verfassungsorgane müssen durch eine ungebrochene Legitimationskette auf das Ergebnis allgemeiner Wahlen zurückgehen. Das betrifft nicht nur die Regierung, die durch die Wahl der Bundeskanzlerin oder des Bundeskanzlers im volksgewählten Parlament zustande kommt, sondern ebenso den Bundespräsidenten (Wahl durch die Bundesversammlung) und die Bundesverfassungsrichter (Wahl durch Bundestag beziehungsweise Bundesrat).

Nicht ausdrücklich erwähnt sind einige fundamentale Kategorien einer funktionsfähigen parlamentarischen Demokratie wie Fraktion, Opposition und Koalition, wohl aber – als Lernerfahrung aus der Parteienverachtung von Kaiserreich und Weimarer Republik – Parteien (Art. 21).

Artikel 20 Absatz 3 erscheint uns selbsterklärend, fast überflüssig, aber man hatte es eben schon anders erlebt: »Die Gesetzgebung ist an die verfassungsmäßige Ordnung, die vollziehende Gewalt und die Rechtsprechung sind an Gesetz und Recht gebunden.« Man nennt das Rechtsstaat und ist froh, wenn man in einem lebt. Ob Gesetze korrekt angewandt werden, entscheidet abschließend nicht der staatliche Anwender, die Exekutive, sondern eine unabhängige Justiz. In China etwa gibt es natürlich auch Gesetze, aber die Gewalten dort sind nicht wirklich geteilt. In letzter Instanz entscheidet im Zweifel immer das Politbüro der Kommunistischen Partei, was Recht ist.

Absatz 4 ist das hier schon vorgestellte Widerstandsrecht, die nachträgliche Ehrung und Legitimierung der tapferen Offiziere und Politiker vom 20. Juli 1944, die den Nazi-Verbrechen nicht länger tatenlos zusehen wollten.

Die Republik des Grundgesetzes wird auch als »wehrhafte Demokratie« bezeichnet. Jede Staatsbürgerin und jeder Staatsbürger ist aufgerufen, berechtigt und »zuständig«, seine eigene Freiheit und die seiner Mitbürger zu verteidigen. Dafür ist kein Zertifikat, keine Erlaubnis erforderlich. Um es auf eine einfache Formel zu bringen: Der beste Schutz unserer demokratischen Freiheit besteht darin, von dieser Freiheit Gebrauch zu machen. Ohne aktive Demokraten läuft das demokratische Prinzip leer, es wird hohl, anfechtbar, schwach.

Der Verfassungsrechtler und ehemalige Präsident des Militärischen Abschirmdienstes Christoph Gramm schreibt in seinem Buch »Schlüsselqualifikationen für Staatsbürger«: »Die Demokratie braucht genügend viele Bürger, die sich mit den öffentlichen Angelegenheiten befassen, die an politischen Wahlen teilnehmen, die für öffentliche Ämter kandidieren« und bereit sind, in Parteien, Vereinen, Gewerkschaften oder in der

Gemeinde »Verantwortung zu übernehmen«. Niemand muss, jeder darf. Man kann, schreibt Gramm mit Blick auf die unterschiedlichen Bedeutungen des Wortes »Bürger«, ohne weiteres ein glücklicher »Bourgeois« sein, der sich nur um sein eigenes Wohl kümmert und ansonsten in Ruhe gelassen sein will (im Deutschen gibt es dafür auch eine abwertende Sprachvariante: den Spießbürger), oder aber man nimmt selbst teil an den Angelegenheiten der Allgemeinheit. Die Franzosen nennen diesen Aktivbürger »Citoyen«.

Ob diese historische, auf die französische Revolutionsepoche zurückgehende Differenzierung wirklich passt, sei dahingestellt. Kommunisten und Nazis in der Weimarer Republik haben sich durchaus millionenfach öffentlich in die Politik eingebracht, zum Teil sogar bewaffnet in eigenen Bürgerkriegsmilizen. Und da waren sie nicht einmal die Einzigen. Es kommt also schon sehr darauf an, wofür genau der Citoyen, der bewusste Staatsbürger eintritt – für »Freiheit, Gleichheit und Brüderlichkeit« oder für die Vernichtung von »Klassen« oder »Rassen«, die zum Todfeind erklärt werden.

Wehrhafte Demokratie

Auch heute gibt es verfassungsfeindliche politische Aktivitäten, denen zuerst die demokratischen Staatsbürger selbst entgegentreten sollten: mit Argumenten, gegebenenfalls Demonstrationen und auch durch die Stärkung der vielen eigenen pluralistischen Organisationen, in denen streitbare Demokratie eingeübt und gelebt wird.

Aus gutem Grund ist in Deutschland manches verboten, was anderswo auf der Welt, in Amerika oder in Dänemark zum Beispiel, als Beitrag zur (auch irren) Meinungsvielfalt erlaubt ist. Das Zeigen verfassungsfeindlicher Symbole wie Hakenkreuz oder Hitlergruß oder etwa die Leugnung des Holocaust bedeuten in Deutschland aber mehr als nur antidemokratische Kraftmeierei. Wer am Nazi-Kult anknüpft und die Verbrechen der Nazi-Zeit verharmlost, droht auf fatale Weise mit einem brutalen »Wir können auch anders!«, das durch die deutsche Geschichte leider grauenvoll belegt ist. Deshalb sagen wehrhafte Demokraten und sagt unsere Rechtsordnung: Nie wieder!

Artikel 26 des Grundgesetzes bestimmt in seinem ersten Absatz: »Handlungen, die geeignet sind und in der Absicht vorgenommen werden, das friedliche Zusammenleben der Völker zu stören, insbesondere die Führung eines Angriffskrieges vorzubereiten, sind verfassungswidrig. Sie sind unter Strafe zu stellen.« Das mag heute antiquiert klingen, Deutschland ist Teil von Nato, EU und Vereinten Nationen, aber 1949 war die Erinnerung an die Blitzaufrüstung der 100.000-Mann-Reichswehr auf ein Kriegsheer von drei Millionen Soldaten innerhalb von wenigen Jahren noch sehr lebendig. An Plänen für das deutsche Großmacht-Comeback hatten viele schon in der Weimarer Zeit gearbeitet, vor allem Militärs – gegen den geltenden, völkerrechtlich verbindlichen Versailler Vertrag und gegen die offizielle Politik der meisten Weimarer Regierungen. Auch solchen Anfängen wehrt das Grundgesetz.

Darüber hinaus heißt es im Strafgesetzbuch unter der Überschrift »Volksverhetzung« (Paragraph 130): »Wer in einer Weise, die geeignet ist, den öffentlichen Frieden zu stören, gegen eine nationale, rassische, religiöse oder durch ihre ethnische Herkunft bestimmte Gruppe, gegen Teile der Bevölkerung oder gegen einen Einzelnen wegen seiner Zugehörigkeit zu einer vorbezeichneten Gruppe oder zu einem Teil der Bevölkerung zum Hass aufstachelt, zu Gewalt- oder Willkürmaßnahmen auffordert oder die Menschenwürde anderer angreift, wird mit Freiheitsstrafe bis zu fünf Jahren bestraft.« Das gilt nicht nur für die bekannten, in Deutschland entstandenen und zeitweise zur Macht gekommenen totalitären Ideologien, sondern heute in zunehmendem Maße auch für das Auftreten bestimmter ausländischer oder zugewanderter Extremistengruppen in Deutschland. Hassprediger, gleich welcher Art, machen sich strafbar, wenn sie Hass predigen.

Das Verhältnis etwa vieler islamistischer Organisationen zum Grundgesetz kann hinsichtlich ihrer propagierten Gewaltbereitschaft, ihres gleichheitsverachtenden Frauenbildes und ihrer programmatischen Bekämpfung der Freiheitsrechte anderer nur mit dem Wort »unvereinbar« gekennzeichnet werden. Vereine, die in dieser Weise auftreten, werden verboten. Individuelle Gefährder müssen polizeilich überwacht oder nachrichtendienstlich beobachtet werden.

Nicht wenige dieser Extremisten sind deutsche Staatsbürger, Kinder von Zuwanderern in der zweiten oder dritten Generation oder Konvertiten. Das Problem wird sich so leicht nicht »abschieben« lassen. Es ist eine neue, weitere, wohl noch länger zu bekämpfende Anfechtung unserer freiheitlichen Ordnung – und das nicht nur in Deutschland, sondern in ganz Europa und weltweit. Am stärksten leiden im Übrigen die arabisch-islamischen Gesellschaften unter diesem Ansturm eines religiösen Fundamentalismus und Fanatismus, einer totalitären Dschihad-Ideologie und unter dem Terror von Al-Qaida, dem Islamischen Staat und anderen.

Nachdem der große Systemkonflikt, die Blockkonfrontation, der Ost-West-Gegensatz, der Kalte Krieg, oder welche Begriffe immer wir für die einfache bipolare Weltordnung der Jahre 1945 bis 1990 finden wollen, verschwunden ist, brechen neue Konfliktlinien im Weltmaßstab auf, unter anderem auch ein »islamischer Bürgerkrieg« zwischen Sunniten und Schiiten, wie Jordaniens König Abdullah II. es nennt. Er kann noch viele Jahre dauern. Und ein neuer Religionsfrieden der auf den Propheten Mohammed zurückgehenden Konfessionen dürfte wohl eher nicht in Europa geschlossen werden, sondern in heißeren Regionen. Der Politikwissenschaftler Herfried Münkler gibt in seinem Buch »Der Dreißigjährige Krieg« einige nützliche Hinweise für eine Art »Westfälischen Frieden« im Nahen Osten, quasi als Kollateralnutzen der deutschen Geschichte.

Unsere Demokratie erwehrt sich nun seit der Dauer eines ganzen Menschenlebens ziemlich erfolgreich alter und neuer Gefahren. Eine so lange Phase von Frieden und Freiheit gab es in Deutschland noch nie, im Westen länger als im Osten. Das »Modell Deutschland« funktioniert, es wird international anerkannt und bewundert, nicht selten auch kopiert. Verfassungen nach dem Muster unseres Grundgesetzes gelten als modern und vorbildlich, von Portugal bis Estland. Die Sprache unserer Verfassung ist bestes Offizialdeutsch: klare, kurze Sätze. Später allerdings kamen viele weitere Worte hinzu, um vergleichsweise kleinere Probleme zu lösen als den Neuaufbau unserer Republik. Artikel 143d, 2 GG etwa schreibt vor: »[...] können den Ländern Berlin, Bremen, Saarland, Sachsen-Anhalt und Schleswig-Holstein [...] Konsolidierungshilfen aus dem Haushalt des Bundes [...] gewährt werden. Davon entfallen auf Bremen 300 Millionen Euro, auf das Saarland 260 Millionen Euro [...]« Verfassungsrechtlich ist das sehr kleine Münze. Aber verfassungspolitisch sollten das Kuriositäten sein.

Deutschland befindet sich am Beginn der 1920er-Jahre alles in allem in guter Verfassung. Wenige Länder weltweit sind vergleichbar stabil. Seit 1949 hatten wir acht Bundeskanzler (man sollte sie auswendig kennen: Adenauer, Erhard, Kiesinger, Brandt, Schmidt, Kohl, Schröder, Merkel) und zwölf Bundespräsidenten (Heuss, Lübke, Heinemann, Scheel, Carstens, von Weizsäcker, Herzog, Rau, Köhler, Wulff, Gauck, Steinmeier). Wir hatten neun Fußballbundestrainer (Herberger, Schön, Derwall, Beckenbauer, Vogts, Ribbeck, Völler, Klinsmann, Löw) und wurden viermal Weltmeister (1954, 1974, 1990, 2014). Wir sind die größte Volkswirtschaft in Europa, die zweitgrößte in der Nato, die viertgrößte weltweit (hinter den USA, China und Japan). Mit sechsundzwanzig weiteren Nationen bilden wir gemeinsam die Europäische Union. Laut Grundgesetz-Präambel wollen wir »als gleichberechtigtes Glied in einem vereinten Europa dem Frieden der Welt [...] dienen«. Und tun es. Das alles ist nicht so schlecht.

In seiner letzten großen Rede auf dem SPD-Parteitag 2011 in Berlin sagte der ehemalige Bundeskanzler Helmut Schmidt (1974–1982): »Wenn ich zurückschaue auf das Jahr 1945 oder zurückschauen kann auf das Jahr 1933 – damals war ich gerade 14 Jahre alt geworden –, so will mir der Fortschritt, den wir bis heute erreicht haben, als fast unglaublich erscheinen. Der Fortschritt, den die Europäer seit dem Marshall-Plan 1948, seit dem Schuman-Plan 1950, den wir dank Lech Walesa und Solidarnosc, dank Vaclav Havel und der Charta 77, den wir dank jener Deutschen in Leipzig und Ostberlin seit der großen Wende 1989/90 heute erreicht haben. Wenn heute der größte Teil Europas sich der Menschenrechte und des Friedens erfreut, dann hatten wir uns das weder 1918 noch 1933 noch 1945 vorstellen können.« Das Schlüsselwort dieser Schlusspassage der Schmidt-Rede heißt: »unglaublich.« Wir haben unglaubliches historisches Glück! Und als der 92-jährige Redner auffordert, bitte dafür »arbeiten und kämpfen« zu wollen, dass es so bleibt, erhebt sich die ganze Versammlung zu minutenlangem Beifall. Auch ich hatte dabei Tränen in den Augen.

Deutsche Bundeskanzler müssen entschiedene Europäer sein! Und seit Konrad Adenauer sind sie es, Kohl und Merkel genauso wie Brandt, Schmidt und Schröder. Auch damit hatten wir bisher Glück.

5 Pluralismus und die Probleme der Parteiendemokratie

Wo politischer Wille gebildet wird

»Was wir beobachten, ist das allmähliche Ende der parlamentarischen Demokratie«, schrieb 2012 der schon zitierte Berliner Politikwissenschaftler Herfried Münkler in einem *Spiegel*-Essay. Und in einem aktuellen Buch über »unsere Volksvertreter zwischen Macht, Sucht und Angst«, das die Hauptstadt-Journalisten Peter Dausend und Horand Knaup 2020 unter dem beinahe mitleidigen Titel »Alleiner kannst du gar nicht sein« veröffentlichten, beginnt das Schlusskapitel mit dem Satz: »Die parlamentarische Demokratie steckt in der Krise.«

Wahrscheinlich trifft für den Parlamentarismus das Gleiche zu, was Ulrich von Alemann schon 1996 über den Zustand unserer Parteiendemokratie geschrieben hatte: Krise ist immer. Permanente Angefochtenheit und steter Wandel sind offenbar Existenzbedingungen lebendiger Demokratie. Das wäre ein beruhigender Befund, wenn nicht gerade in Deutschland Parlamente schon untergegangen (1849, 1933), Parteien verboten und Demokraten verfolgt und umgebracht worden wären. Mit Krisen der Demokratie verbinden sich bei uns historisch die allerschlechtesten Erfahrungen. Deshalb gehört eine gewisse

Grundbeunruhigung in unserem Land zum erwachsenen politischen Bewusstsein einfach dazu.

Was ist diesmal das Problem? Dausend und Knaup listen in ihrem Buch unsortiert gleich dreizehn »Störstellen« auf. Ihre Überschriften: 1. Dynamische Welt, erstarrtes Parlament. 2. Der Bundestag ist zu groß. 3. ... und macht sich zu klein. 4. Mangel an Mut. 5. Fetisch Koalitionsvertrag. 6. Überholte Rituale. 7. Querdenken unerwünscht. 8. Fehlende Repräsentanz. 9. Proporz-Lust. 10. Macht der Lobbyisten. 11. Falle Dauerkommunikation. 12. Leichte Sprache, schwere Sprache. 13. Fehlender Lernwille. Einige dieser Stichworte werde ich hier noch aufgreifen.

Aber zunächst sei mit einer hartnäckigen Fehlwahrnehmung aufgeräumt: dass nämlich Demokratie eine rein staatliche Veranstaltung sei, ein Wechselspiel zwischen wählenden Staatsbürgerinnen und Staatsbürgern auf der einen Seite und öffentlich Gewählten, das heißt Abgeordneten, Regierungen, Bürgermeisterinnen und Landräten auf der anderen Seite. Das aber greift zu kurz. Demokratie als Lebensform gehört in jeden Lebensbereich: zum Beispiel ins Arbeitsleben, wo die Beschäftigten engagierte Kolleginnen und Kollegen in den Personal- oder Betriebsrat wählen. Wir finden das Demokratieprinzip auf den Hauptversammlungen der Aktiengesellschaften, wo durch Wahl Aufsichtsräte besetzt werden. Klassenelternversammlungen wählen ihre Elternvertreter, Schüler ihre Klassen- und Schulsprecher, Versicherte die Aufsichtsgremien von Renten- und Krankenkasse.

Und in allen Vereinen, in denen Bürgerinnen und Bürger Mitglied sind, können sie nicht nur wählen und gewählt werden, sondern auch Anträge stellen und über die Arbeit des Vereins mitbestimmen, von der Tischtennissparte des Sportclubs bis zur Kirchengemeinde oder Partei. Nach dem Vereinsrecht gilt es, ein paar allgemeine Spielregeln zu beachten (Regelmäßigkeit der Versammlungen, formgerechte Einladung, Kassenprüfung), aber die Willensbildung all dieser Vereinigungen ist frei. So werden Hobbys organisiert, etwa das Singen im Chor, oder Interessen gebündelt, etwa in Gewerkschaften und Unternehmensverbänden. In Deutschland gibt es fast nichts, wofür es keinen Verein gäbe und in jedem Verein meist auch mehr als nur eine Meinung. Kurt Tucholsky lästerte einst: »Was ein richtiger Verein von 1930 ist, der etwas auf sich hält, der hat [...] eine Opposition.«

Die wirkliche politische Willensbildung beginnt nicht im Parlament oder auf einem Parteitag, sondern an den Graswurzeln einer pluralistischen Gesellschaft: Familien reden miteinander am Frühstückstisch, Kollegen diskutieren im Betrieb, Freunde tauschen ihre Meinungen beim Feierabendbier oder beim Grillen im Garten aus. Der öffentlichen politischen Willensbildung (die sich etwa in der Stimmabgabe am Wahltag ausdrückt) geht die individuelle politische Meinungsbildung voraus. Daran nehmen alle, die miteinander über öffentliche Belange reden, teil, aber natürlich (mit größerer Reichweite) auch die Journalisten in den sogenannten Massenmedien wie auch die Autoren von Nischenmedien, Flugblättern, Büchern. Initiativen und Vereine, die alternative Konzepte erarbeiten, Forderungen stellen, Briefe an ihre Abgeordneten schreiben, für ihre politischen Vorstellungen auf der Straße demonstrieren, Veranstaltungen organisieren und besuchen, tragen aktiv zur politischen Willensbildung bei. Vieles, was uns heute als selbstverständlich erscheint, ob man es mag oder nicht, geht auf diese Art politischen Engagements vieler einzelner, miteinander diskutierender Menschen zurück, vom Recht auf Abtreibung über den Datenschutz bis zur Energiewende und den Klimaschutzzielen. Für manchen politischen Wandel sorgen auch Gerichte – so war es etwa bei der Öffnung der Bundeswehr für Frauen 2001 nach einer Grundsatzentscheidung des Europäischen Gerichtshofs.

Affirmative Action und Cancel Culture

Die Freiheit, sich zusammenzuschließen und für seine Zwecke zu werben und zu arbeiten, entspricht der real existierenden Vielfalt von Interessen, Meinungen und Weltanschauungen, die es in freien Gesellschaften gibt. Weil die Menschen von Natur aus verschieden sind, verkörpern sie eben nicht einen einheitlichen »Volkswillen«, nicht das historisch-materialistische Prinzip, wonach Freiheit die »Einsicht in die Notwendigkeit« des vorbestimmten Laufs der Geschichte ist. Freiheit bedeutet, nicht von außen schon festgelegt zu sein, auch nicht durch Herkunft oder Geschlecht. Deshalb wird der Gleichheitsgrundsatz des Grundgesetzes (Art. 3) heute überwiegend so interpretiert, dass aktive Gleichstellungspolitik oft überhaupt erst die Voraussetzung für die Wahrnehmung gleicher Rechte schaffen muss, vom Frauenwahlrecht, der Elternzeit für Mütter und Väter und der Frauenquote in Unternehmensvorständen bis zur Barrierefreiheit von öffentlichen Gebäuden.

In Amerika war vor allem die Gleichstellung schwarzer Bürgerinnen und Bürger ein Jahrhundertthema und wird es trotz Präsident Barack Obama (2009–2017) und Bidens Vizepräsidentin Kamala Harris noch eine ganze Weile bleiben, wie auch das Frauenthema. »Affirmative Action« heißt die Politik, die dort auf eine Art »positive Diskriminierung« gerichtet ist. Formale gleiche Rechte allein garantieren jedenfalls noch nicht die gleiche Teilhabe an Recht und Freiheit. Das dürfte im Übrigen für alle freiheitlichen Gesellschaften gelten, von den anderen nicht zu reden.

Wie immer kann man des Guten aber auch zu viel tun. So wie gegenüber der 68er Bewegung der damalige Bundeskanzler Willy Brandt, der ja ausdrücklich »mehr Demokratie wagen« wollte, auf einer Grenze bestand (wer in der Familie Vater und wer Mutter sei, darüber könne nicht abgestimmt werden), so müssen heute extreme Ansprüche auf Sonderrechte zurückgewiesen werden, die sich aus unterschiedlichen »Identitäten« von Mitbürgerinnen und Mitbürgern ergeben sollen. Nachdem das dritte Geschlecht inzwischen förmlich in die Gesetzes- und Bürokratiewelt eingezogen ist (m/w/d) und Nachrichtensprecher*innen im Fernsehen mit der Gendersternchen-Pause beim Sprechen alles richtig machen wollen, geht es nun doch langsam darum, ganz generell die Freiheit der Meinung zu verteidigen.

Zum Beispiel an unseren Universitäten. Neben meiner Arbeit als Wehrbeauftragter hatte ich einige Semester lang einmal die Woche an der nahegelegenen Berliner Humboldt-Universität (HU) einen Lehrauftrag zur europäischen Sicherheitspolitik wahrgenommen. Das HU-Institut für Sozialwissenschaften war da gerade Schauplatz einer Kampagne besonders empörter Studierender, die Vorlesungen eines renommierten Professors heimlich aufnahmen und Schnipsel davon ins Internet stellten. Der Hochschullehrer wurde so aller möglichen Verstöße gegen die spezielle Political Correctness dieser Studententruppe »überführt«: zu wenig weibliche Quellen, eurozentristischer Blick, unkorrekter Humor. Mit ihm öffentlich darüber diskutieren wollten die anonymen Ankläger aber nicht. Dann wurden Wände und Türen auf dem Flur des Lehrstuhlinhabers mit feindseligen Parolen besprüht, schließlich (aus anderem Anlass) das ganze Institut monatelang »besetzt«. Die »normalen« Studentinnen und Studenten ließen es über sich ergehen wie schlechtes Wetter, die Uni-Leitung schritt nicht ein. Und mein Lehrauftrag endete, als die PC-Truppe offenbar entdeckte, dass mit dem Wehrbeauftragten des Deutschen Bundestages aus ihrer Sicht eine Art offizieller Kriegstreiber den akademischen Lehrbetrieb geentert hatte.

Um Missverständnissen vorzubeugen, politische Studentengruppen gleich welcher Art müssen sich artikulieren können. Aber sie haben nicht exklusiv darüber zu bestimmen, was im Rahmen der grundgesetzlich verbrieften Freiheit von Forschung und Lehre (Art. 5 GG) geht und was nicht geht. Diese Freiheit muss die selbstverwaltete Universität garantieren! Ohne akademischen Streit gibt es keine akademische Freiheit. Die Meinung des jeweils anderen gilt es auszuhalten, nicht auszuschließen. Inzwischen erleben wir aber zu oft in Deutschland und anderswo eine Cancel Culture, eine Absagekultur, die im Namen der zu schonenden Gefühle irgendwelcher selbstdefinierter Betroffenengruppen der Meinungsfreiheit entgegentritt. Dass Joanne K. Rowling, die Autorin der Harry-Potter-Romane, Probleme mit der Betreuung ihres nächsten Kinderbuchs in ihrem britischen Verlag bekam, weil sie sich auf Twitter dagegen ausgesprochen hatte, den Begriff »Frau« zu ersetzen durch »Personen, die menstruieren«, klingt wahnsinnig, war aber die Folge eines genderpolitischen Shitstorms in Großbritannien. Die Autobiografie des amerikanischen Filmemachers Woody Allen wurde übrigens bei demselben Verlag, wie auch von Allens US-Verlag, tatsächlich gecancelt (in Deutschland immerhin erschien das Buch wie geplant bei Rowohlt), weil es »Vorwürfe« gegen ihn gibt, die sich allerdings vor Gericht stets als haltlos erwiesen.

Erklären und reformieren

Für jede und jeden, der oder die Demokratie in der Schule unterrichtet oder etwa politische Bildung im Alltagsbetrieb der Bundeswehr vermitteln soll, ist eine Vorstellung von der Buntheit unserer Gesellschaft unerlässlich. Denn Demokratie ist nicht irgendeine nette Methode politischer Herrschaft, sondern die einzige Methode, die unsere gesellschaftliche Vielfalt zum Ausgangspunkt macht. Deshalb sollte am Anfang einer grundsätzlichen Beschäftigung mit unserer demokratischen Ordnung immer gern ein Blick auf diese pluralistische Gesellschaft stehen.

In meinen siebzehn Jahren als direkt gewählter Abgeordneter im Deutschen Bundestag hatte ich unzählige Besuchergruppen aus meinem Wahlkreis zu Gast im Parlament. Mit allen habe ich diskutiert, in der Regel über gerade aktuelle politische Streitfragen, aber stets auch darüber, wie unser Parlamentarismus eigentlich funktioniert. Dabei war es erstaunlicherweise relativ egal, ob es sich bei den Besuchern um eine Seniorengruppe, um politische Aktivisten oder um eine Schulklasse handelte. Immer gab es mehr als eine Meinung.

Als wir im Bundestag gerade hoch emotional das Thema »Patientenverfügung« diskutierten, ließ ich die Schüler einer 9. Hauptschulklasse einmal selbst Vorschläge machen, wie sie die Frage geregelt haben wollten. Das Ausgangsszenario: Die alte Großtante Fatima liegt im Krankenhaus und ist nicht mehr ansprechbar – wer entscheidet über die weitere medizinische Behandlung? Der Arzt, der trottelige Großonkel, der Familienrat, ein Anwalt, das Gericht? Was ist, wenn die Tante etwas aufgeschrieben hatte? Nach kontroverser Diskussion der Schüler untereinander kamen fünf unterschiedliche Vorschläge. Ich war begeistert: Es waren sinngemäß die Kernpunkte der fünf in den Bundestag eingebrachten Gruppenanträge (diesmal ging es fraktionsübergreifend zu)! Das sagte ich den 15-, 16-Jährigen, und sie wiederum waren sichtbar stolz, dass sie hier mal eben die Arbeit von Abgeordneten gemacht hatten. Dann erklärte ich, dass ich wohl dem Gesetzentwurf Nummer 4 zustimmen würde. Das ging in Ordnung, auch für die Nachwuchsstaatsbürger, die selbst gerade andere Regelungen vorgeschlagen hatten. In diesem Moment fühlten sie sich voll repräsentiert.

Über Krisensymptome von Parteien- und parlamentarischer Demokratie zu klagen, fällt leicht, ist beliebt und gehört auch unter Parlamentariern zum guten Ton. Als systematisches politisches Gestaltungsfeld wird »Demokratiepolitik« aber kaum betrachtet. Mehr als ein paar situativ gerade notwendig scheinende Korrekturen am Wahlrecht oder an der Bundestagsgeschäftsordnung traut sich die jeweilige Parlamentsmehrheit offenbar nie zu. Oder sie ist daran nicht interessiert. Niemand will sich für scheinbar abstrakte Prinzipien verkämpfen.

Als ich in der SPD-Bundestagsfraktion eine eigene Arbeitsgruppe »Demokratie« gründen wollte, ließ man mich machen, aber der Enthusiasmus der Führung hielt sich erkennbar in Grenzen. Ein gemeinsam mit den CDU/CSU-Fachleuten eingebrachter Antrag zur Verbesserung der politischen Bildung verfiel der Diskontinuität (obwohl der schlimme erste Satz »Der Zustand der politischen Bildung in Deutschland ist katastrophal« schon längst gestrichen war). Das heißt, nach der ersten Beratung im Plenum fand sich nie wieder Zeit, den Antrag zu Schlussberatung und Abstimmung erneut auf die Tagesordnung zu setzen, bis die Wahlperiode herum war. Eine offizielle »Demokratie«-Enquete-Kommission (aus Abgeordneten und Experten) kam auch nicht zustande, bis heute nicht. Lieber schimpft man weiter vor sich hin.

In einem Papier unserer 15-köpfigen Fraktionsarbeitsgruppe schrieben wir 2011: »Die Debatte über Reformen, die zur Überwindung von Politikverdrossenheit und Demokratiedistanz beitragen können, wird oft sehr vordergründig und deklaratorisch geführt. Dann ist seit zwei Jahrzehnten immer wieder von der ›Öffnung‹ der Parteien für neue Leute die Rede (aber sie verlieren kontinuierlich Mitglieder), von ›mehr Bürgerbeteiligung‹ (aber das Ohnmachtsgefühl scheint weiter zu wachsen) und von ›neuen Formen‹ der Demokratie (die aber, wenn es sie denn gibt, die Legitimationskrise der verfassungsmäßigen politischen Willensbildung auch nicht gerade beseitigt haben). Alle diese Floskeln sind gut gemeint, aber helfen – ganz offensichtlich – nicht.«

Mehr Parteien, weniger Alternativen

Wir machten uns damals auch Sorgen um die tendenziell weiter sinkende Wahlbeteiligung. Dieser Trend scheint inzwischen umgekehrt zu sein – allerdings zugunsten einer neuen rechtspopulistischen Partei, der AfD, die offenbar auch viele bisherige Nichtwähler wieder zur Teilnahme bewegt hat. Parteiforscher verweisen darauf, dass dort jetzt ein Teil jener Mitbürgerinnen und Mitbürger eine neue politische Heimat findet, der in den oben schon zitierten Umfragen antidemokratische Einstellungsmuster zu Protokoll gegeben hat.

Aber das allein erklärt gewiss nicht den Erfolg der »Alternative für Deutschland«. Es ist auch die Politik der »Alternativlosigkeit« im verschränkten föderalen Koalitionssystem, die Gegenbewegungen auslöst. Jede Partei scheint gleichzeitig irgendwo mit jeder anderen zu koalieren: Union mit SPD; Grüne mit SPD und FDP; Grüne mit CDU; CDU mit FDP; Linke mit SPD und Grünen. Mal stellen die einen den Regierungschef, mal die anderen. Konkurrierende politische »Lager« gibt es in der parlamentarischen Realität kaum noch. Wie sehr dies alles als eine einzige supergroße Koalition wahrgenommen werden kann, hat das Corona-Krisenmanagement 2020/21 mit den jeweils einmütigen »Beschlüssen« von Ministerpräsidenten und Bundesregierung demonstriert. Auch in der Flüchtlingskrise von 2015 schien die Politik der eigentlich konkurrierenden Parteien in ihrer jeweiligen Regierungsverantwortung zeitweise ähnlich gleichgerichtet zu sein. Das ist zweifellos ein Demokratieproblem, wenn Opposition praktisch nur noch außerparlamentarisch artikuliert wird oder eben allein durch eine Rechtsaußenpartei in Bundestag und Landesparlamenten.

Die Buntheit der Koalitionslandkarte in Deutschland hängt nicht zuletzt mit der wachsenden Zahl im Parlament vertretener Parteien zusammen. Kamen in den 1960er- und 1970er-Jahren meist nur CDU und CSU, FDP und SPD auf mehr als 5 Prozent der Stimmen, schaffen das heute auch Grüne, Linkspartei und AfD. Dazu immer wieder kurzlebige, zum Teil regionale Angebote wie die Stadtpartei (Hamburg), Piraten, DVU, Republikaner, NPD oder Freie Wähler (Bayern, Rheinland-Pfalz). Diese zunehmende Zersplitterung der Parteienlandschaft vom alten bequemen Drei-Parteien-System zum gegenwärtigen Status quo »Sechs Parteien plus« fördert die Übersichtlichkeit nicht. Der sogenannte Konzentrationsgrad der Stimmen von CDU/CSU und SPD ist von zusammen 91 Prozent 1976 auf 53 Prozent bei der Bundestagswahl 2017 gesunken. Entsprechend mag kaum noch eine Partei vor der Wahl eine klare Koalitionsaussage abgeben, weil man doch mit verschiedenen denkbaren Möglichkeiten der Mehrheitsbildung nach der Wahl rechnen muss – und sich natürlich lieber so viele Optionen wie möglich offen hält. Den Appell »Geben Sie uns Ihre Stimme, wir schauen dann mal, was wir hinterher daraus machen!« hat noch keiner offen auszusprechen gewagt. Aber die Realität ist genau so.

Nie ließ sich das repräsentative System weniger plebiszitär interpretieren als heute. Selbst wenn es drei statt bisher nur zwei konkurrierende Kanzlerkandidaten gibt – das Volk wählt seine Kanzler nicht selbst. Aus dem jeweiligen Wahlergebnis ergibt sich, wie oben gezeigt, allein die Ausgangslage für die Verhandlungen der Parteien am Tag danach. Die populärste Person muss nicht Kanzler werden, die stärkste Partei nicht regieren. Für die repräsentative Demokratie bedeutet das durchaus keine Abweichung von den klassischen Regeln, aber für die Personalisierung, die digitale Zuspitzung und die plebiszitären Versprechungen der Wahlkämpfer bedeutet dieses Wählen ins Ungewisse, dass sie lügen müssten, wenn sie Klarheit vorgaukelten.

Derweil schrumpften die beiden großen Volksparteien CDU und SPD auf die Hälfte ihres Mitgliederbestandes vom Einheitsjahr 1990. Natürlich sind auch 400.000 Sozialdemokraten und 400.000 Christdemokraten noch viel, zumal im Vergleich zu Grünen (100.000), FDP (65.000), Linken (60.000) und AfD (35.000). Die CSU kommt in Bayern auf immerhin 140.000 Mitglieder. Aber der langfristige Trend geht weg vom aktiven oder passiven Parteibürgertum hin zu Parteiendistanz und einer zunehmenden Volatilität beim Wählen. Die Ausschläge bei Gewinnen und Verlusten von Parteien am Wahlabend betrugen früher zwischen zwei und fünf Prozentpunkten, heute eher zwischen fünf und zwölf.

Repräsentative Vertrauensarbeit

Nun bekam ich selbst 2020 die Jubiläumsnadel für meine 40-jährige Parteimitgliedschaft in der SPD per Post zugeschickt. Ich kann wohl sagen: Ich kenne das Parteileben im Guten wie im Schlechten. Dass da schon vor aller Politik etwas gut und attraktiv sein muss, sieht man allein daran, wie viele Familien sich gemeinsam engagieren. Vielleicht hat man sich in der Partei kennengelernt, vielleicht wollen Tochter oder Sohn, sobald das altersmäßig geht, auch aktiv werden. In meinem Wahlkreis Kiel gab es viele solche Familien, und bei uns zu Hause war es ganz genauso. Viele waren zusätzlich in Gewerkschaften und Betriebsräten engagiert, saßen in Vorständen von Sportverein und Feuerwehr und waren selbstverständlich auch Mitglied bei der Arbeiterwohlfahrt oder im Sozialverband SoVD, der früher Reichsbund hieß.

Bei allgemeinen Wahlen ging es üblicherweise darum, die Mehrheit zu gewinnen, gerne die absolute, vom Ortsbeirat über das Rathaus bis zum Bundestagswahlkreis. Ich wurde seit 1998 fünfmal direkt gewählt, dreimal mit über 50 Prozent. Landeslistenplätze waren etwas für Feiglinge. In nahezu jeder Kieler Institution – sei es der Mieterbund oder der Grundbesitzerverein, die Industrie- und Handelskammer oder der Trägerkreis eines Kulturzentrums, Krankenhäuser, Hochschulinstitute oder der Allgemeine Studierendenausschuss, die Marine oder die Rüstungsindustrie – steckten Sozialdemokraten, die ihren Mandatsträgern bei jeder Ortsvereinsversammlung, am Rande jedes Kreisparteitags oder bei einem der vielen Feste (Neujahrsempfang, Grünkohlessen, Sommerfest, Weihnachtsfeier) ungefragt erzählten, was bei ihnen auf der Arbeit gerade los war. Und dann besuchte man diese Institutionen in den Wochen, wenn keine Sitzungen in Berlin waren, regelmäßig. Gab es Meinungsverschiedenheiten, besuchte man sie erst recht.

Als die umstrittene »Agenda 2010«, die sozial- und arbeitsmarktpolitische Wende der Schröder-Regierung, höchste Wellen schlug und alle Gewerkschafter auf den Zinnen standen, meldete ich mich selbst bei den Betriebsräten der vier größten Industrieunternehmen im Wahlkreis an: Wir müssen reden! Dabei war mir schon klar, dass auch die Kritiker extrem gute Argumente hatten. Und die Art, wie sie vorgetragen wurden, ließ an Deutlichkeit nichts zu wünschen übrig. An der Reform wäre in jedem Fall weiterzuarbeiten! Das beste Ergebnis, das ich aus einer dieser Versammlungen mitnahm, fasste der Betriebsratsvorsitzende am Schluss der Debatte so zusammen: »Du hast uns viele Zahlen und Fakten genannt. Das ist alles hart. Kann auch gut sein, dass ihr in Berlin recht habt. Aber du wirst wohl nicht erwarten, dass wir jetzt noch klatschen dazu!«

Nein, Applaus hatte ich wahrlich nicht erwartet. Aber ich war froh, dass wir gesprochen hatten und weiter diskutieren würden. Ohne dieses Sich-Rechtfertigen, Lernen und Argumente aus den Wahlkreisdebatten mit ins Parlament Nehmen wäre Parlamentarismus steril. Und in gewisser Weise macht auch diese Art des kameradschaftlichen Streits, wenn man weiß: Es gibt noch eine gemeinsame politische Basis jenseits des gerade aktuellen Konflikts, Freude.

Solche Wahlkreisarbeit, wie ich sie beschreibe, haben viele sozialdemokratische und viele christdemokratische oder christlich-soziale Abgeordnete auch gemacht. Bei Kollegen aus CDU-Hochburgen hieß die AWO vielleicht DRK und die Gewerkschaft vielleicht Bauernverband. Aber ich erzähle davon, weil ich glaube, dass dies mehr und mehr Erfahrungen aus einer untergehenden Welt sind. Mit dem neuen, mega-»gerechten«

Wahlrecht zum Deutschen Bundestag kamen 2017 auf 299 direkt gewählte Wahlkreisabgeordnete schon 410 Abgeordnete, die über die Landeslisten ihrer jeweiligen Parteien ins Parlament eingezogen sind. Und die gesellschaftliche Durchdringung der Hochburgen wird immer fadenscheiniger.

Kandidaten finden

Zur kontinuierlichen Schrumpfung der Volksparteien kommt deren Überalterung hinzu: Die Hälfte der Mitglieder genießt den Ruhestand. Immer weniger aktive Parteimitglieder sind selbst noch außerhalb des politischen Bereichs erwerbstätig. Die lebendige Verbindung in alle Subsysteme unserer so vielschichtigen Gesellschaft wird schwächer, die Selbstbezogenheit stärker.

Weit über das Maß hinaus, in dem neuere Parteien wie die Grünen oder die AfD wachsen, verlieren die alten Großparteien an Organisationsfähigkeit und Bindekraft. Was in früheren Jahrzehnten einmal »Vertrauensarbeit« hieß und eine Aufgabe für jede Mandatsträgerin und jeden aktiven Parteibürger darstellte, wird heute an Werbeagenturen und Social-Media-Teams in den Parteizentralen delegiert.

Wenn es auch in den Medien manchmal so scheint, als seien Parteien nur noch eine Art Dienstleister für politische Wahlangebote, sollten jedenfalls die Parteien selbst sich dieses ökonomistische Bild nicht zu eigen machen. Sie sind vielmehr historisch gewachsene Selbstorganisationen, Zusammenschlüsse von politisch Gleichgesinnten, vielfach aus sozialen Bewegungen entstanden, auf Weltanschauungen, Ideen und Programmen gegründet. Parteien sind nicht nur auf die Erringung von Macht oder Machtanteilen in Staat und Gemeinde fokussiert, sondern immer auch auf eine gewisse kulturelle Hegemonie in der Gesellschaft: Was gilt als fortschrittlich, was als bewahrenswert, was als normal?

Ginge es nur um die Aufstellung von Kandidatinnen und Kandidaten und um das Führen von Wahlkämpfen, wäre eine coole Firma wahrscheinlich effektiver als jede deutsche Partei. In anderen europäischen Ländern haben solche von reichen Unternehmenspatriarchen gegründeten Wahlvereine durchaus schon bemerkenswerte Erfolge erzielt, etwa in Österreich oder in Tschechien. Das lästige innerparteiliche Diskutieren können sich diese zentralistischen Top-Down-Politorganisationen schon mal sparen, jedenfalls zu Anfang. In gewisser Weise aber wäre das eine Rückkehr zum Warlord-Prinzip – und ganz bestimmt kein Mehr an Demokratie. Unsere parlamentarische Demokratie braucht unternehmerische Persönlichkeiten, also Mitbürger, die politisch etwas unternehmen wollen, aber nicht von einzelnen Unternehmern ausgesuchte Politiker.

Wenn man in der Realität schaut, wer sich heute vorstellen kann, für eine Zeit lang »in die Politik zu gehen«, also für ein hauptamtliches Mandat zu kandidieren, dann fallen als Erstes die Mitarbeiter von Landtags- und Bundestagsabgeordneten ins Auge. Sie wissen, worauf sie sich einlassen, und sie finden es attraktiv. Unter Repräsentationsgesichtspunkten wäre das allerdings nur ein Mini-Mini-Segment der ganzen Gesellschaft. Überwiegend sind das immerhin junge Leute, oft aktiv in der Parteijugendorganisation, die da den innerparteilichen Nominierungswettbewerb aufnehmen, fast alle akademisch gebildet. Stark vertreten ist traditionell der Öffentliche Dienst, auch wegen der »Rücknahmegarantie« bei Nicht-Wiederwahl. Und natürlich die rechtskundigen, redegeübten Juristen aus Verwaltung und Kanzleien.

Nun heißt »Repräsentation« natürlich nicht maßstabsgerechte Abbildung der deutschen Sozialstruktur im Parlament. Es geht um politische Ideen, nicht um Beruf, Ausbildung, Alter, Konfession oder Geschlecht ... aber halt! Tatsächlich geht es doch immer auch um Proporz: landsmannschaftlich (es können nicht alle CSU-Oberen in Fraktion, Partei und Regierung nur aus Franken kommen), konfessionell (die NRW-CDU kann nicht ausschließlich katholische Abgeordnete schicken), lagerpolitisch (zwei Linke, zwei Realos auf der grünen Liste), nach Alter (sollte nicht wenigstens jeder fünfte Kandidat unter 40 sein?) und Geschlecht (»Reißverschluss«-Listen und Doppelspitzen sorgen dafür, dass auf jeden Mann wenigstens eine Frau kommt).

Von absoluter Wahlfreiheit kann bei der Kandidatenaufstellung also nur da die Rede sein, wo exakt eine Person zu wählen ist: auf der Wahlkreisversammlung zur Nominierung des Direktkandidaten oder der Direktkandidatin. Die Landeslisten etwa zu Bundestagswahl aber sind durch vielfältige Proporze vorgeformt, und der Anteil von Listenabgeordneten übersteigt die Zahl der direkt Gewählten inzwischen bei weitem. Also sind überwiegend die informellen Aushandlungszirkel in den Landesvorständen und am Rande der Landesparteitage entscheidend für die Zusammensetzung der Parlamente von Bund und Ländern. Das Gewicht dieser Kungelrunden wächst umso mehr, je größer etwa der Bundestag durch Überhang- und Ausgleichsmandate wird.

Unter solchen Umständen ist es gar nicht so leicht, geeignete Kandidatinnen und Kandidaten überhaupt erst einmal für das innerparteiliche Bewerbungsverfahren zu finden. Die Standardabsage von Menschen, die sonst bereits einen guten Beruf, eine intakte Familie und ein schönes Leben haben, lautet immer öfter: »Warum soll ich mir das antun?« So gehen viele, die dem politischen Betrieb vielleicht guttun würden, von vornherein verloren. Die Personalauswahl verengt sich, und Misserfolg bei öffentlichen Wahlen ist längst kein Kriterium mehr dafür, dass eingesessenes Personal etwa ausgewechselt werden müsste.

Wie viel Zeit Bewerber um eine innerparteiliche Kandidatenaufstellung in den Jahren und Jahrzehnten zuvor mit Parteiarbeit verbracht haben, lässt sich messen. Die Politikwissenschaftlerin Suzanne Schüttemeyer kam mit ihrem Team zu dem Ergebnis, dass die Erfolgschance einer Bewerbung in einem direkten Verhältnis zum Umfang des vorherigen Zeiteinsatzes steht. Überall dabei sein und Funktionen sammeln, hilft. Das entspricht dem Klischee der klassischen »Ochsentour«. Auch wenn bei Kommunalwahlen traditionell lokale Wählerinitiativen eine Rolle spielen, wird doch flächendeckend die Personalauswahl als Ergebnis der oben genannten Trends enger und enger.

Immer wieder gibt es dennoch tolle Newcomer, strahlende vertrauenswürdige Leute, die von Altvorderen gefördert werden oder sich selbst durchbeißen. Aber das Gesamtbild scheint doch eher trübe zu sein. Das beste Parlament aller Zeiten? Weit entfernt davon!

Soll das eine Warnung vor eigenem politischem Engagement sein? Im Gegenteil! Unsere demokratischen Parteien brauchen selbstbewusste aktive Mitglieder, mehr junge oder erfahrene Erwachsene, die im Leben stehen! Sie brauchen mehr Schwung, Kritik und Selbstkritik, Veränderung und Optimismus statt Rechthaberei und Selbstgerechtigkeit! Jede und jeder kann einen Unterschied machen. Und wenn man Glück hat, bringt Politik, bringt ein fröhliches Parteileben sogar Spaß.

Wer sich literarisch zur Politik motivieren möchte, besorge sich zum Beispiel die autobiografischen Bücher des Sozialarbeiters, Anwalts, Hochschullehrers, Ehemanns, Vaters und früheren US-Präsidenten Barack Obama, der außerordentlich lebendig über Pleiten und Triumphe seiner politischen Biografie schreibt.

Und als große Hollywood-Ermutigung habe ich immer die witzige Verfilmung des Anonymus-Bestsellers »Primary Colors« empfunden. (Inzwischen weiß man, dass der damalige *Newsweek*-Journalist Joe Klein der Autor ist.) Der Film heißt auf Deutsch »Mit aller Macht«, die Bill-Clinton-Rolle spielt John Travolta, Emma Thomson ist Hillary. Es geht um Idealismus und Schmutz, Pathos und Hinterhältigkeit im Vorwahlkampf um die Nominierung zum demokratischen US-Präsidentschaftskandidaten 1991. Genial! Auch wenn man sich nach dem Trump-Desaster noch einmal darüber informieren will, wie das System der amerikanischen Demokratie wirklich gemeint ist und warum es trotz aller Unperfektheit eigentlich ganz ordentlich funktioniert, hilft diese (ziemlich wahre) Geschichte sehr dabei. Oder natürlich immer die Mutter aller Politikserien aus dem Westflügel des Weißen Hauses: »The West Wing« (7 Staffeln).

In Deutschland haben wir solche realistischen Filme und Serien aus der Welt der Politik bis heute nicht. Das mag etwas mit der schon beschriebenen historischen Entgegensetzung von bornierter adliger (Macht-)Politik auf der einen Seite und bürgerlicher Moral und Kultur auf der anderen Seite zu tun haben. Und sicher auch mit dem Trauma der Nazi-Zeit, das es so schwer macht in diesem Land, Politik leicht zu nehmen.

Unbehagen an der Demokratie

Zweifellos funktioniert unser demokratisches System. Regierungen wechseln, Wahlen und Wahlergebnisse genießen hohe Legitimität. Und selbst unter den Bedingungen der Coronakrise erweist sich das bundesdeutsche Sozialstaats- und Wohlstandsmodell als erstaunlich robust. Aber die allzu vielen »Großen Koalitionen« in fast ununterbrochener Folge (2005–2009, 2013–2017, 2017–2021) und die allzu große Allparteienkoalition (CDU, CSU, SPD, Grüne, FDP, Linke) in der Bund-Länder-Seuchenschutzpolitik stellen doch schon einige Grundprinzipien des demokratischen Regierungssystems infrage. Das betrifft etwa die Rolle der Parlamente gegenüber Regierungsverordnungen, die Grundrechte aller Staatsbürgerinnen und Staatsbürger drastisch einschränken, oder auch das Fehlen einer parlamentarischen Opposition, die Alternativen zum Primat einer fortgesetzten »Lockdown«-Politik zur Abstimmung stellt. Unsere Corona-Jahre sind nun wahrscheinlich nicht der Anfang eines Weges in Richtung autoritärer Herrschaft. Aber genau so könnte ein Anfang aussehen, wenn es hierzulande jemandem ernst wäre mit einem Angriff auf unsere liberale Demokratie – was gottlob nicht der Fall ist.

Regiert wird immer, auch in nichtdemokratischen Staaten. Deshalb verwechseln manchmal sogar Spitzenmanager deutscher Weltkonzerne die eindrucksvolle Konjunkturbilanz der KP-Diktatur in China mit demokratischen Maßstäben guten Regierens. Diktatoren sind kein Maßstab, und das BIP-Wachstum ist kein Indikator für den Erfolg des menschlichen Strebens nach Glück, wie es etwa die amerikanische Verfassung garantiert. Dieser seltsam immaterielle Begriff »Glück« steht übrigens in unserem nüchternen deutschen Grundgesetz nicht (auch nicht in der Weimarer Reichsverfassung), aber wir besingen ihn in der dritten Strophe des Deutschlandliedes, unserer Nationalhymne: »Einigkeit und Recht und Freiheit / sind des Glückes Unterpfand, / blüh im Glanze dieses Glückes, / blühe deutsches Vaterland!«

Autoritäre und populistische Strömungen waren in den letzten Jahren weltweit, in Amerika, in Europa und auch in Deutschland, ungewöhnlich erfolgreich. Der Brexit, der Wahlsieg von Trump 2016, AfD-Ergebnisse von 25 Prozent in ostdeutschen Ländern – darin drückt sich mindestens ein verbreitetes Unbehagen an den obwaltenden Umständen, an den gesellschaftlichen Verhältnissen, am Zustand unserer Demokratie aus. Wenn eine Mehrheit unserer Mitbürgerinnen und Mitbürger glaubt, dass man nicht mehr überall frei seine Meinung sagen kann, ist das ein Alarmsignal. Und wenn es anständigen Leuten egal zu sein scheint, dass in der »Alternative«, die sie wählen, Nazis geduldet werden oder sogar die Führung beanspruchen, dann reicht ein bekümmertes Achselzucken nicht aus.

Bei Rechtsextremisten muss hart gegengehalten werden, das ist klar. Aber den vielen enttäuschten, verdrossenen, misstrauischen, den ins falsche Exil ausgewanderten Demokraten muss eine bessere politische Heimat geboten werden: mit echten Debatten, echter Mitsprache, echtem Streit um die großen Fragen. Wenn der gegenwärtige politische Betrieb von vielen als hermetisch wahrgenommen wird, dann nützt es nichts zu begründen, warum das theoretisch gar nicht sein kann, oder auf digitalen Mitmach-Schnickschnack zu verweisen. »Wenn die Leute sagen, du bist pleite, dann bist du pleite!«, lautet einer der volkstümlichen Lehrsätze der soziologischen Theorie des »Symbolischen Interaktionismus«. Oder etwas akademischer ausgedrückt: Die Menschen richten ihr Handeln nicht an Tatsachen aus, sondern an Meinungen über Tatsachen. Das heißt, der tatsächlich vielleicht gar nicht so verschlossene Politikbetrieb sollte sich trotzdem ändern, um anders wahrgenommen zu werden.

Das Medium der Sprache

Veränderung beginnt bei der politischen Sprache. Dazu sind schon viele sprachpolitische Bücher geschrieben worden, auch von Politikern wie dem ehemaligen sozialdemokratischen Bundesminister Erhard Eppler (»Kavalleriepferde beim Hornsignal. Die Krise der Politik im Spiegel der Sprache«, 1992) oder dem Grünen-Vorsitzenden Robert Habeck (»Wer wir sein könnten. Warum unsere Demokratie eine offene und vielfältige Sprache braucht«, 2018).

In einem früheren Leben habe ich viereinhalb Jahre als Redenschreiber für Björn Engholm gearbeitet, der damals Ministerpräsident von Schleswig-Holstein (1988–1993) und SPD-Parteivorsitzender war. Er konnte reden: zugewandt, plakativ, intellektuell, humorvoll. Fast immer sah es aus, als spreche er frei. Selbst wenn er eine Speisekarte vorgetragen hätte (hat er nie gemacht), hätte er in beinahe jedem Publikum große Zustimmung ausgelöst. Engholm wusste: Man muss sich Mühe geben, überzeugen wollen, auch gemocht werden wollen!

Regierungserklärungen, wie sie Bundeskanzlerin Angela Merkel sechzehn Jahre lang im Plenum des Deutschen Bundestages vorgetragen hat, mögen politisch noch so korrekt sein, sie klingen dagegen wie das Vorlesen von Aktenvermerken. Und so hört sich ein zu großer Teil der Regierungsverteidigungsrhetorik zu vieler Regierungsparteivertreter in Bund und Ländern an:

bürokratisch, jargonhaft, obrigkeitlich, besserwisserisch, pointenfrei, langweilig – in mäandernden Passivsätzen ohne Punkt und Ende. Wer nichts zu sagen hat, schwurbelt. Wer Verantwortung trägt, wiederholt die immer gleichen zu Tode gequälten Phrasen. Wir schließen die Reihen, haken uns unter, ziehen den Helm fester, man wird sehen, zu gegebener Zeit entscheiden, das haben wir versprochen und genau so machen wir es auch!

Nichtssagende Sätze, ungeordnete Argumente und schlechte Rhetorik prägen die Politikerhaftigkeit unserer Zeit. Woran das liegt? Personalauswahl? Unterschätzung des Publikums? Verstummen der Rede im elektronischen Dauergelaber? Ich weiß es nicht. Natürlich gab und gibt es zu allen Zeiten große Redner und große politische Kommunikatoren. Thomas Oppermann war so einer, Wolfgang Schäuble setzt Maßstäbe. Auch bei Robert Habeck hört man hin, weil das, was er sagt oder zu sagen versucht, irgendwie doch auch ein Stück weit ganz anders verstanden werden kann oder muss, als man bisher dachte, dass es sei – jedenfalls sollte man mal darüber nachdenken... Habeck inszeniert sich ziemlich authentisch als Anti-Politiker. Und dafür schien es eine Weile durchaus Nachfrage zu geben.

Soviel zur Kunst der politischen Rede und zur gegenwärtigen Verständigungslücke, die sich durch zunehmende Sprachlosigkeit vergrößert.

Strukturwandel der Öffentlichkeit

Zur Verständigung oder Entfremdung tragen nicht unwesentlich auch die Medien bei, die sich allerdings gerade selbst in ihrer Existenz bedroht sehen. Die Reichweiten der klassischen lokalen Abo-Tageszeitungen für die ganze Familie gehen dramatisch zurück, ihre Auflagen schrumpfen noch schneller als die Mitgliederzahlen der alten Volksparteien. Das betrifft genauso die großen überregionalen Flaggschiffe der Pressefreiheit, von *FAZ* und *Süddeutscher* über *Bild* und *Welt* bis hin zum ehrwürdigen »Sturmgeschütz der Demokratie«, dem Nachrichtenmagazin *Der Spiegel*. Sie konkurrieren mit einer seit den 1980er-Jahren enorm gewachsenen Zahl von Hörfunk- und Fernsehprogrammen, öffentlich-rechtlichen und privaten, und mit den Social-Media-Kanälen von Privatpersonen, von klassischen und neuen Medien, von Verbänden, Firmen und Behörden. Der Trend geht zum »Mach's dir selber!«. Die kuratierte Auswahl der relevanten Themen einmal am Tag, deren journalistische Aufbereitung, die Abbildung einer breiten Meinungsvielfalt zu den wichtigen Debatten, das Kerngeschäft des alten Qualitätsjournalismus also, verliert an Bedeutung. Ob etwas »klickt« oder nicht, ist stattdessen die neue Nachrichtenwährung.

Ausgerechnet die gebührenfinanzierten und deshalb ökonomisch immer noch extrem stabilen öffentlich-rechtlichen Sendeanstalten fügen diesem technikgetriebenen Strukturwandel der Öffentlichkeit ein politisches Haltungsproblem hinzu. Wie 2020 eine Umfrage unter den 150 gerade in Ausbildung befindlichen ARD-Volontären zeigt, gibt es bei den Nachwuchskräften der laut Rundfunkstaatsvertrag überparteilichen und staatsfernen Anstalten eine eindeutige politische Tendenz: 57 Prozent der öffentlich-rechtlichen Volontäre würden den Grünen ihre Stimme geben, 23 Prozent der Linkspartei, 12 Prozent der SPD. Das ergäbe eine Mehrheit von 92 Prozent für Grün-Rot-Rot. Die Union käme beim journalistischen Nachwuchs auf 3, die FDP auf 1 Prozent. Von Ausgewogenheit der politischen Haltungen kann so kaum die Rede sein. Wer rekrutiert hier mit welchem

Interesse derart selektiv? Und was macht das mit der Glaubwürdigkeit der Sender?

Natürlich gibt es nie totale Objektivität, aber als anzustrebendes Ideal war das einmal kein gar so schlechter Anspruch, nämlich so viel gute Information wie möglich zusammentragen, einschließlich unterschiedlicher Bewertungen (von denen sich die Nachrichtenredaktion im Übrigen keine einzige zu eigen machen muss)! Solche Journalisten gibt es noch und solche Sendungen auch. Und immer sollten Journalisten selbstkritisch bereit sein, neue Fakten zu erkennen und ihre eigenen Geschichten, wenn nötig, aufgrund neuer Erkenntnisse zu revidieren. Man könnte sich für irreführende, unvollständige oder schlechte Recherchen sogar entschuldigen. Aber das kommt praktisch nicht vor. Es wäre zu peinlich und scheinbar »unprofessionell«.

So wie zu viele unserer Mitbürgerinnen und Mitbürger »die Politik« oder »die Politiker« in einen Sack stecken, so geht es mittlerweile auch »den Medien«, die alle in den gleichen Topf kommen, auf dem noch nicht einmal »Lügenpresse« zu stehen braucht. Diese Wahrnehmung von Politik und Medien als etwas in gleicher Weise Elitärem, Obrigkeitlichem, als einer Art selbstermächtigter Kaste von Herrschenden ist für unsere Demokratie wirklich gefährlich. Deshalb wäre es so wichtig, wo immer es geht den Pluralismus unserer vielfältigen Gesellschaft liebevoll abzubilden, zu erklären und im Prinzip gutzuheißen – und dann gegebenenfalls auch für seine eigene Meinung einzutreten. In Politik und Medien erleben wir aber zurzeit – vielleicht als Reaktion auf erkennbare Polarisierungstendenzen in unserer Gesellschaft – eine enorme Moralisierung politischer Themen, die dem demokratischen Austausch nicht dienlich ist, von der Energiewende über Genderfragen bis zur Coronapolitik.

Wer anderer Meinung ist als ein »fortschrittlicher« Mainstream in »den Medien« sollte nicht gleich außerhalb des zulässigen Diskussionsraums Platz nehmen müssen. Der Dichter Robert Gernhardt hat es einmal sehr schön auf den Punkt gebracht: »Meine Meinung, ja, die lässt sich hören, / Deine Deinung könnte da nur stören!«

Wenn Haltung und Moral gefragt sind, sollte es nicht um einzelne politische Streitfragen gehen, die wegen einer Vielzahl unterschiedlicher Interessen und Weltanschauungen so oder so entschieden werden können, sondern an die Grundentscheidung für das demokratische Verfahren der Streitaustragung an sich. Auf dieser Ebene ist eine entschiedene Haltung gefragt – bis hin zum letzten Mittel, dem Diskursausschluss: »Keine Freiheit für die Feinde der Freiheit!« Aber das Streiten in der Sache, den Austausch der Argumente mit anderen Demokraten sollten wir uns niemals sparen. Die Parole der Demokratie kann nur lauten: Deine Deinung, ja, die wollen wir hören!

6 Die Verteidigung des Westens

Welt aus den Fugen

Demokratien führen gegeneinander nicht Krieg, lehrt die Erfahrung. Und alles andere wäre auch Wahnsinn. Aber gegenüber konkurrierenden Herrschaftsformen müssen die Demokratien ihre Legitimität jeden Tag erneut verteidigen und unter Beweis stellen, nach Innen und nach Außen: kulturell, ökonomisch, politisch und zur Not auch militärisch. Das scheint zurzeit gar nicht so leicht zu sein. Wahrscheinlich schien es historisch nur dann leicht, wenn gerade eine totalitäre Existenzbedrohung zusammengebrochen war wie 1945 das Nazi-Imperium oder 1990 die kommunistische Systemalternative, der sowjetisch beherrschte Ostblock.

Heute nehmen die Spannungen weltweit und auch innerhalb demokratischer Gesellschaften wieder eher zu als ab. Die Einschläge kommen näher, spätestens seit dem Beginn der Ukraine-Krise 2014. Vom damaligen Außenminister Frank-Walter Steinmeier stammt der seither oft zitierte Satz: »Die Welt ist aus den Fugen geraten.« In derselben Rede auf dem Evangelischen Kirchentag 2015 in Stuttgart sagte Steinmeier, Jahrgang 1956: »Solange ich denken kann, kann ich mich an keine Zeit erinnern, in der internationale Krisen in so großer Zahl an so vielen Orten gleichzeitig auf uns eingestürmt wären wie heute.«

Dabei gilt Europa und zumal Deutschland als gelobtes Land, als Sehnsuchtsort und Fluchtpunkt für die Hoffnungen vieler Mühseliger und Beladener in aller Welt. Wo, wenn nicht hier bei der halben Milliarde Europäer, findet man Freiheit und Wohlstand, Frieden und Sicherheit, alles zur gleichen Zeit? Aber auch Europa kämpft – um seine Rolle in einer extrem unübersichtlichen multipolaren Weltordnung und um seinen inneren Zusammenhalt. Die Dämonen der Vergangenheit sind besiegt, aber keineswegs verschwunden.

Während Russland versucht, an alte Supermachtzeiten anzuknüpfen und unilateral in den Konflikten im Nahen Osten, in Nordafrika oder im Kaukasus interveniert, steigt China zur ernsthaften globalen Konkurrenz für die USA auf. Auf dem Parteitag der KPCh kündigte Chinas Präsident (und Diktator auf Lebenszeit) Xi Jinping an, bis zur Mitte des Jahrhunderts die Volksbefreiungsarmee zu einer Armee erster Klasse aufzubauen. Systematisch wird am ganz großen Ziel gearbeitet: Zum 100. Jahrestag der Machtübernahme durch die Kommunisten, 2049, will China die USA überholt haben und die Nummer eins sein in der Welt.

Diesem Ziel dient der planmäßige »kapitalistische« Ausbau der chinesischen Volkswirtschaft mit jährlichen Wachstumsraten zwischen 5 und 10 Prozent. Dem dient die neue »Seidenstraßen«-Initiative, die aller Herren Länder mit China verbinden soll. Und dem dient genauso die Unterdrückung von religiösen und ethnischen Minderheiten innerhalb des chinesischen Vielvölkerimperiums. Demokraten in der ehemaligen britischen Kolonie Hongkong werden jetzt schon, deutlich vor dem Jubiläum, verfolgt und verhaftet. Und für den Anschluss des abtrünnigen demokratischen Inselstaats Taiwan käme in letzter Instanz offenbar auch eine militärische Lösung infrage:

Peking lässt Landungsoperationen trainieren und erklärt riesige Meeresgebiete zu chinesischen Hoheitsgewässern. In einer Art antiwestlicher Allianz hielt die chinesische Marine auch schon gemeinsame Manöver mit Russland und dem Iran im Golf von Oman ab. Chinesische Offizielle reden von einer harmonischen Gesellschaftsordnung, von Frieden und Kooperation – aber ihr Ton wird herrischer, das politische Handeln aggressiver.

Xi Jinping sieht die globale Coronakrise als Chance für sein Land: »Die Welt ist in einer turbulenten Zeit wie seit hundert Jahren nicht mehr. Aber die Zeit und das Momentum sind auf unserer Seite. Unser Land befindet sich in einer wichtigen Phase strategischer Gelegenheit.«

Droht uns eine chinesische Hegemonie? Steht ein asiatisches Jahrhundert bevor? Was haben die Demokratien des Wesens dem entgegenzusetzen? Wie gelangen Freiheit und Menschenrechte wirklich universell zur Geltung, weltweit?

Dass Chinas Machtstreben eine Herausforderung darstellt, nicht nur für seine asiatischen Konkurrenten Japan und Indien, sondern auch für die USA, Europa und Russland, gehört inzwischen zu den Gemeinplätzen der geopolitischen Debatte. Früh haben große Denker und Elder Statesmen wie Henry Kissinger und Helmut Schmidt mit dicken China-Büchern auf den absehbaren Aufstieg des Reichs der Mitte hingewiesen. Für den Exportweltmeister Deutschland hieß das zunächst: Hurra, ein neuer Markt öffnet sich! Mittlerweile wächst die Furcht vor ungesunder Abhängigkeit, sei es Abhängigkeit vom Wohlwollen chinesischer Investoren, sei es Angewiesenheit auf chinesische Technik wie beim Ausbau der 5G-Netze. Und auch willkürliche Veränderungen des Marktzugangs könnten die exportabhängigen deutschen Autokonzerne und Maschinenbauer unerwartet in ernste Schwierigkeiten bringen.

Mit der heraufziehenden neuen Systemkonkurrenz und einem beginnenden Kalten Krieg zwischen den USA und China tritt eine Entwicklungsepoche, die wir »Globalisierung« genannt haben, mindestens in eine neue Phase ein – wenn sie denn nicht sogar abgelöst wird durch ein Ordnungssystem, das wir heute noch nicht kennen und benennen können. Die globalen Einschränkungen von Reiseverkehr und Austausch in der Corona-Depression könnten ein Vorbote sein.

Europa und andere Multilateralisten

In dem Maße, in dem Amerika sich dem *Great Game* mit seinem Rivalen jenseits des Pazifischen Ozeans zuwendet, wird Russlands Aggressionspolitik im Osten Europas mehr und mehr zu einer Angelegenheit der Europäer. Allein die nukleare Abschreckungsbalance bleibt ein exklusiv amerikanisch-russisches Thema, ungeachtet der überschaubaren Nuklearpotenziale unserer europäischen UN-Vetomächte Großbritannien und Frankreich (jedenfalls solange nicht wirklich alle Atomwaffenstaaten – einschließlich China, Israel, Pakistan, Indien und Nordkorea mit am Verhandlungstisch für nukleare Abrüstung sitzen).

Es bleibt gleichwohl im europäischen Interesse, die USA auch mit ihren konventionellen Streitkräften in Europa präsent zu halten. Vor allem die schnelle Verstärkung der amerikanischen Luftwaffe in einem möglichen Krisen- oder Konfliktszenario an der Nato-Ostflanke dürfte auf russischer Seite für entscheidend gehalten werden.

Was hingegen präsente, einsatzbereite Landstreitkräfte angeht, muss Europa selbst stärker werden – für die Bündnisverteidigung wie für multinationale Kriseninterventionen weltweit. Dafür ist in der Mitte Europas die Bundeswehr als größte konventionelle Armee des europäischen Nato-Pfeilers zentral. Die Bündnispartner im Osten müssen auf die Einsatzbereitschaft der ganzen deutschen Streitkräfte zählen können – und auf die politische Bereitschaft von Regierung und Parlament, der eingegangenen Beistandsverpflichtung im äußersten Fall auch entschlossen nachzukommen.

Alles spricht dafür, dass der Westen und die westlichen Bündnisse, Nato und EU, zusammenhalten müssen und sich nicht auseinanderdividieren lassen dürfen. Russland und China versuchen ständig zu spalten. Auch die USA sind dieser Versuchung hinsichtlich einer stets diskutierenden Europäischen Union schon erlegen. Bündnispartner wie Erdoğans Türkei oder Orbáns Ungarn können den Zusammenhalt zusätzlich belasten. Und was Großbritanniens EU-Austritt angeht, so stärkt der Brexit natürlich nicht, sondern schwächt Europa als globalen Akteur. Dennoch: Europa existiert, lebt und streitet, setzt weltweit Maßstäbe und Normen, steht für beste Lebensqualität – und ist die softeste Weltmacht der Gegenwart, ein starker Teil des Westens.

»Westen« ist längst keine Himmelsrichtung mehr. Einbezogen in diesen Begriff sind die Demokratien aller Kontinente, vom kleinen Uruguay in Südamerika über Kanada bis zum riesigen Indien. Japan, Südkorea, Australien und Neuseeland gehören so selbstverständlich zum Westen wie auch Israel. Deutschland hat in den letzten Jahren daran gearbeitet, eine »Allianz der Multilateralisten« zusammen zu bringen: Staaten, die jedenfalls in der internationalen Politik auf Verhandlungen, Verträge und Völkerrecht setzen – und nicht auf das Recht des Stärkeren, das die sogenannten »Unilateralisten« zielstrebig für sich in Anspruch nehmen, wozu freilich von Fall zu Fall auch

Bündnispartner wie Trumps USA und die Türkei gehörten. US-Präsident Joe Biden dürfte sich nun aber im Lager der Multilateralisten eher zu Hause fühlen als bei den Autokraten und Populisten auf der anderen Seite der Weltbühne.

Eine globale Nato?

Amerika muss gegenwärtig seinen Kampf um demokratische Standards an zwei Fronten führen: im Inneren gegen Rassisten, Nazis, religiöse Hassprediger, extremistische Milizen und das Trump-Erbe – der Feind steht rechts. Nach Außen geht es vor allem gegen das Narrativ der angeblich so attraktiven chinesischen Wirtschafts-, Wohlstands- und auch Seuchenpolitik – stattdessen für Freiheit und Selbstbestimmung, gegen Diktatur und Unterdrückung überall auf dem Planeten!

Wo Bürgerinnen und Bürger, sei es in Afrika, sei es in der arabischen Welt oder in Asien für ihre unveräußerlichen Menschenrechte eintreten, haben sie unsere Solidarität und Unterstützung verdient. Kriege werden darum aber nicht geführt. Diplomatie, gegebenenfalls auch Sanktionen bleiben die Mittel der ersten Wahl. Es sei denn, Verfolgung, Terror und Mord nehmen ein solches Ausmaß an, dass die Vereinten Nationen die Frage nach der »Responsibility to protect« stellen, die Frage nach der Schutzverantwortung der jeweiligen Regierung. Kann oder will diese den Menschenrechtsverletzungen in ihrem Land nicht Einhalt gebieten, ist die Internationale Gemeinschaft zur Intervention berechtigt. Dies ist, von der UN-Generalversammlung beschlossen, neueres, geltendes Völkerrecht.

Im Alltag kann Entwicklungszusammenarbeit helfen. Gerade bei der Demokratie-Entwicklung spielen etwa auch die deutschen Parteistiftungen im Ausland, von der Konrad-Adenauer-Stiftung über Ebert-, Böll-, Seidel- und Luxemburg- bis zur Naumann-Stiftung eine nicht zu unterschätzende Rolle. Ihre Arbeit gilt als einzigartig: Sie exportieren in ihrer ganzen Unterschiedlichkeit ein Pluralismusverständnis, das grundlegend für jedes zeitgemäße Demokratiemodell ist, jenseits von gefährlichen ethnisch oder religiös bestimmten Wahlalternativen. Keine andere Nation leistet sich so ein Netz politischer Parteistiftungen in aller Welt. Auch das dürfte übrigens eine der Ursachen für das Vertrauen sein, das Deutschland fast überall genießt – mit allen positiven Folgen für den Erfolg der deutschen Außenwirtschaftsbeziehungen.

Inzwischen gibt es in der sicherheitspolitischen Community Diskussionen darüber, ob der Westen nicht eine Art globale Nato als erweitertes Verteidigungsbündnis oder jedenfalls ein umfassenderes Kooperationsforum als die G7 braucht. Drei Jahrzehnte nach dem Ende des alten Ost-West-Konflikts könnten neue verlässliche Kooperationsstrukturen vielleicht dazu beitragen, die Verhältnisse in unserer ungeordneten Welt künftig besser zu fügen. Wer Konflikte beilegen, Krisen meistern, wer über Kooperation und Partnerschaft verhandeln will, tut das am besten aus einer Position gemeinsamer Stärke heraus, nicht im Alleingang, nicht als Bittsteller.

Drängende Menschheitsprobleme sind zu lösen, von allen Nationen. Das setzt Frieden und Vertrauen voraus. Klimawandel, Hunger und Migration, Pandemie und Resilienz, Digitalisierung und Datenökonomie lauten einige der weltpolitischen Stichworte.

Der deutsche Historiker Heinrich-August Winkler hat im letzten Band seiner großen »Geschichte des Westens« (2015) zusammengefasst, was die Attraktivität dieser unverwüstlichen

Idee des demokratischen Westens ausmacht, trotz allem: Menschenrechte, Volkssouveränität, Gewaltenteilung, Herrschaft des Rechts, repräsentative Demokratie. Diese Errungenschaften der amerikanischen Revolution von 1776 und der französischen Revolution von 1789 garantieren unsere Freiheit. »Die westlichen Demokratien verfügen ungeachtet aller inneren Gegensätze über einen [...] gemeinsamen Horizont, es gehört zu ihrem Selbstverständnis, dass sie aus *ihrem* Werthorizont einen Welthorizont zu machen streben.«, schreibt Winkler. Solange die unveräußerlichen Menschenrechte »nicht weltweit umfassend verwirklicht sind, bleiben die Ideen von 1776 und 1789 ein unvollendetes Projekt. Der Westen gäbe sich selbst auf, wenn er sich mit diesem Zustand abfinden würde.«

Empfohlene Literatur

Unsere Haltung zur Demokratie gründet nicht allein im allgemeinen Wissen über demokratische Prinzipien und ihre Geschichte, nicht nur in persönlichen Erfahrungen, auch vielleicht im internationalen Vergleich, sondern sie wird stark mitgeprägt durch die Bilder im Kopf, die uns fiktionale Geschichten vermitteln, etwa in Romanen und Spielfilmen. Und wir sind ständig auf der Suche nach neuen, guten Geschichten.

Als kleiner Service für viel beschäftigte Staatsbürgerinnen und Staatsbürger in Uniform und alle anderen Leserinnen und Leser mag deshalb hier eine Liste empfohlener Literatur dienen. Es ist ein völlig unverbindlicher Kanon von ausgewählten Büchern. Wer sie noch nicht gelesen hat, ist zu beneiden, weil er die Freude über das eine oder andere bereichernde Leseerlebnis noch vor sich hat.

Es sind vor allem berühmte Romane und herausragende Werke zur jüngeren Geschichte, die ich mit zwei Mitstreitern empfehle. Jörn Thießen, Direktor an der Führungsakademie der Bundeswehr in Hamburg, hat einmal von einem Stabsoffizier-Lehrgang Vorschläge für Literaturempfehlungen erbeten, die hier Eingang gefunden haben. Außerdem haben wir beide gemeinsam mit Michael Epkenhans, dem ehemaligen leitenden Wissenschaftler am Zentrum für Militärgeschichte und Sozialwissenschaften der Bundeswehr in Potsdam, weitere schöne und historische Literatur zusammengetragen, die wir selbst besonders empfehlenswert finden. Die Bücher sind gut zu lesen, in der Regel noch lieferbar (und sei es antiquarisch) und erschwinglich. Dass es sich dabei um einen kleinen, subjektiven Ausschnitt des Empfehlenswerten handelt, versteht sich von selbst. Es gäbe so vieles, das die Lektüre lohnt. Die Autorenauswahl ist betont international, die historischen Settings sind vielfältig, das Meiste ist Weltliteratur wie Christa Wolfs »Kassandra« oder Goerge Orwells »1984«. Einiges dürfte manchem längst bekannt sein, aber selbst Wiederlesen macht Freude. An der Betonfassade der Universitätsbibliothek in meiner Heimatstadt Kiel ist ein Schriftzug aus Neonröhren (von der Künstlerin Elsbeth Arlt) installiert, der bei Dunkelheit eingeschaltet wird. Dann steht da: »Manche leuchten, wenn man sie liest.«

Alekozei, Soraya: Sie konnten mich nicht töten.

Anonymus: Mit aller Macht. Primary Colors.

Austen, Jane: Stolz und Vorurteil.

Babel, Isaak: Die Reiterarmee.

Böll, Heinrich: Wo warst du, Adam?

Borchert, Wolfgang: Draußen vor der Tür.

Bossong, Nora: Schutzzone.

Boyle, T. C.: America.

Brecht, Bertolt: Gedichte.

Bulgakow, Michail: Die weiße Garde.

Camus, Albert: Der Fremde.

Churchill, Winston: Kreuzzug gegen das Reich des Mahdi.

Clark, Christopher: Preußen.

Clausewitz, Carl v.: Vom Kriege.

de Saint-Exupéry, Antoine: Flug nach Arras.

Dirks, Carl und Janßen, Karl-Heinz: Der Krieg der Generäle.

Eggers, Dave: Der Circle.

Elias, Norbert: Studien über die Deutschen.

Enzensberger, Hans Magnus: Hammerstein oder Der Eigensinn.

Fetscher, Iring: Von Marx zur Sowjetideologie.

Feuchtwanger, Lion: Erfolg.

Forsyth, Frederick: Der Afghane.

Grass, Günther: Die Blechtrommel.

Harris, Robert: München.

Hasek, Jaroslav: Die Abenteuer des braven Soldaten Schweigk.

Hemingway, Ernest: Wem die Stunde schlägt.

Hosseini, Khaled: Drachenläufer.

Illies, Florian: 1913.

Johnson, Boris: Der Churchill-Faktor.

Kästner, Erich: Gedichte.

Kershaw, Ian: Hitler.

Kirst, Hans Hellmut: 08/15.

Kissinger, Henry A.: Die Vernunft der Nationen.

Köppen, Edlef: Heeresbericht.

Krechel, Ursula: Landgericht.

Kundera, Milan: Das Leben ist anderswo.

Kunze, Reiner: Die wunderbaren Jahre.

Lanchester, John: Die Mauer.

Leitfaden für britische Soldaten in Deutschland.
Lenz, Siegfried: Ein Kriegsende.
Levi, Carlo: Christus kam nur bis Eboli.
Llosa, Mario Vargas: Tod in den Anden.
Lochthofen, Sergej: Grau.
Lodge, David: Ins Freie.
Mailer, Norman: Die Nackten und die Toten.
Morrison, Toni: Sehr blaue Augen.
Münkler, Herfried: Der Dreißigjährige Krieg.
Orwell, George: 1984.
Pasternak, Boris: Dr. Schiwago.
Pepys, Samuel: Die geheimen Tagebücher.
Remarque, Erich Maria: Im Westen nichts Neues.
Roth, Philip: Verschwörung gegen Amerika.
Sands, Philippe: Rückkehr nach Lemberg.
Savinkov, Boris: Erinnerungen eines Terroristen.
Snyder, Timothy: Bloodlands.
Solschenizyn, Alexander: Der Archipel GULAG.
Sommer, Theo: China First.
Sperber, Manés: Wie eine Träne im Ozean.
Stahlberg, Alexander: Die verdammte Pflicht.
Steinberg, Guido: Kalifat des Schreckens.
Thiess, Frank: Tsushima.
Tolstoi, Lew: Krieg im Kaukasus.
Twain, Mark: Bummel durch Deutschland.
Whitehead, Colson: Underground Railroad.

Winkler, Heinrich August: Der lange Weg nach Westen.

Wolf, Christa: Kassandra.

Zamoyski, Adam: 1812.

Zeh, Juli: Unterleuten.

Nachwort

Jeder Mensch ist frei geboren. Er soll in Freihet leben. Aber diese Freiheit ist nicht umsonst zu haben. Je mehr Menschen sich über unsere Demokratie als Ordnung der Freiheit informieren, je mehr sie über unser politisches System wissen, desto mehr verstehen sie, wie wichtig und schützenswert es ist – und desto besser ist es für uns alle. Das gilt ohne Ausnahme: Für diejenigen, die schon tief drin sind und sehr vertraut ebenso wie für jene, deren Interesse noch größer ist als ihre Kenntnisse. Und natürlich für Staatsbürger mit ebenso wie für solche ohne Uniform.

Wer sich also bilden möchte, am besten mit einem Buch, diesem wunderbar zeitlosen Medium, der ist schnell abgeschreckt von der Flut theoretischer, trockener Literatur. Deswegen war der Plan, einen echten Insider zu gewinnen, ein persönliches Buch zu schreiben. Eigene Erfahrungen mit dem politischen System zu Papier zu bringen, authentisch und unverfälscht. Und gleichzeitig frei von den berühmten „Sachzwängen" und Rücksichten, denen Politiker zwangsläufig unterliegen. Aber natürlich so subjektiv, wie es die eigenen Überzeugungen und Erfahrungen bedingen. Schreiben konnte dieses Buch folglich nur ein „frischer Ehemaliger", gerade ausgeschieden aus der Verantwortung, aber fest verwurzelt in unserer Demokratie und mit einem reichen Schatz an Erfahrung. Ich bin Hans-Peter Bartels zutiefst dankbar für seine Bereitschaft, sich dieser Aufgabe zu stellen.

Herausgekommen ist also kein Lehrstück mit Texten zum Auswendiglernen, sondern ein lebendiges Buch, über dessen Thesen und Fragen diskutiert werden soll. Ein Buch, das Auftakt und Katalysator sein soll – und kein Schlusspunkt.

Dieser politische Diskurs ist für das Bildungswerk, ja: für den ganzen DBwV immens wichtig, in diesen turbulenten Zeiten noch mehr als sonst. Unsere Mitglieder, die Menschen der Bundeswehr, erwarten ihn von uns und leben ihn täglich: Sie bringen sich aktiv und konstruktiv in das politische Geschehen im Lande ein, sie sind überdurchschnittlich stark ehrenamtlich engagiert. Nicht nur im Verband, sondern auch in Parteien, Vereinen oder der Kirche. Und doch ist dieses Buch auch für sie von großem Nutzen, denn Soldatinnen und Soldaten sind gleich in mehrfacher Hinsicht gefordert. Die Probleme, mit denen der Staat als Ganzes kämpft – Stichwort: überbordende Bürokratie –, sie behindern auch die Bundeswehr, ich nenne beispielhaft die Beschaffung. Dazu erleben die Menschen der Bundeswehr unzureichende Debatten über Mandate und die Verweigerung unangenehmer Entscheidungen wie in der Frage der Drohnenbewaffnung. Letztlich bleibt uns allen nichts übrig, als aktiv an der Beantwortung der alles entscheidenden Frage mitzuwirken: Wofür Streitkräfte?

Politische Bildung, dienstlich wie privat, vermittelt das Rüstzeug dafür. Und dazu soll das vorliegende Buch seinen Beitrag leisten.

André Wüstner
Bundesvorsitzender des Deutschen
BundeswehrVerbandes e.V.